SEVEN STRATEGY QUESTIONS

전략을 보는 생각

Seven Strategy Questions by Robert Simons
Original work copyright © 2010 Robert Simons

All rights reserved.

This Korean edition was published by Strategycity Co., Ltd. in 2015 by arrangement with Harvard Business Review Press through KCC(Korea Copyright Center Inc.), Seoul.

이 책은 ㈜한국저작권센터(KCC)를 통한 저작권사와의 독점계약으로 ㈜전략시티에서 출간되었습니다. 저작권법에 의해 한국 내에서 보호를 받는 저작물이므로 무단전재와 복제를 금합니다.

SEVEN STRATEGY QUESTIONS

전략을 보는 생각

로버트 사이먼스 지음 | 김은경 옮김 | 조철선 감수

전략시티

전략을 보는 생각

초판 1쇄 발행 2015년 9월 20일
초판 4쇄 발행 2018년 7월 25일

지은이 로버트 사이먼스
옮긴이 김은경

펴낸이 조철선
펴낸곳 ㈜전략시티
출판 신고 2003년 12월 23일 제 2017-000024호
주소 서울 동대문구 장한로22길 7, 406호
전화 070-4070-0139 **팩스** 02-2213-0139
이메일 books@strategycity.net **홈페이지** www.strategycity.net
블로그 blog.naver.com/strategycity **페이스북** www.facebook.com/strategycity

ISBN 978-89-98199-13-5 03320
값 15,000원

* 잘못된 책은 구입하신 곳에서 바꿔드립니다.

전략시티는 세상에 도움이 되는 지혜를 출판합니다.

질문이 생각을 만들고,
생각이 전략을 완성한다!

감수의 글

"나폴레옹은 전쟁의 정석대로 싸우려 하지 않는다."

1805년 울름 전투에서 나폴레옹에게 대패한 오스트리아의 마크 장군이 개탄하며 한 말이다. 나폴레옹은 '전쟁에는 고정된 전략이란 있을 수 없다'라며 경이로울 정도의 변화무쌍한 전략으로 상대를 완벽하게 제압했다.

알렉산더와 한니발, 카이사르, 나폴레옹에 이르기까지 서구의 역사를 바꾼 전략가들은 모두 고정된 전략을 고집하지 않고 상황에 대응한 전략을 활용했다는 공통점이 있다. 물론 이는 비단 서구에만 국한된 게 아니다.

중국 청나라의 전략가 주배는 청나라 황제인 강희제와 전략에 대해 대화하며 이렇게 말했다. "(삼국시대 촉나라 장군이자 '읍참마속'으로 유명한) 마속이 병서를 숙독하여 이론으로는 제갈량도 능가할 정도였음에도 전쟁에만 나가면 참패를 당하기 일쑤였습니다. 이는 전쟁에는 선례가 없고, 병사를 다루는 데도 정해진 틀이 없기 때문입니다. 병법 이론서는 적들도 읽기 때문입니다."

세계적으로 최고의 병법서로 인정되는 손자병법을 쓴 손자 역시 한번 전쟁에서 이긴 전술을 다시 쓰지 말아야 하며, 하나의 고정된 전술로는 늘 승리할 수 없음을 주장했다. ≪전쟁론≫을 저술한 카를 폰 클라우제비츠도 쉴 새 없이 변화하는 전투 환경에 적응하는 것이야말로 전략의 핵심이라고 했다. 경영 전략도 마찬가지다. 상아탑과 고급 사무실의 살균된 환경에서 만들어진 전략은 진정한 전략이 아니다. 유명 컨설팅업체가 제안한 전략을 떠받들다 경영 환경의 변화에 제대로 대처하지 못하다가는 낭패를 볼 수 있다. 또한 과거 성공을 가져다 준 기존 전략에만 집착하는 것도 실패의 지름길이 될 수 있다. 유로 디즈니의 실패와 노키아의 추락, 펩시에 뒤진 코카콜라 모두 변화된 상황에 대응하지 못하고 자신의 전략만 고집한 결과임을 잘 알고 있지 않는가?

그럼에도 사람들은 성공을 가져다 줄 화려한 전략을 갈구한다. 최신의 경영 기법과 유명 성공 사례로 무장한 경영 전략들이 유행하는 것도 다 그런 연유에서 기인한다. 누구에게나 확실한 성공을 안겨다 줄 것 같은 만병통치약이 이내 별 효과가 없다고 판명되고 나면, 또 다른 만병통치약을 찾으러 다닌다.

이제는 그런 접근법을 버릴 때가 되었다. 완성도 높은 전략에 집착하는 대신 변화하는 상황에 대응하고 자신의 역량에 맞춰 실행할 수 있도록 맞춤형 전략 개발에 집중해야 한다. 또한 수립한 전략을 제대로 실행할 수 있도록 전략 개발보다 전략 실행을 우선에 두어야 한다. 이를 통해 전략의 수립에서부터 실행, 평가에 이르기까지 모든 조직 구성원들이 참여하여 전략적으로 경영해 나가는 전략 집중형 조직으로 탈바꿈해야 한다.

그러려면 어떻게 해야 할까? 어떻게 해야 리더를 비롯한 전 임직원들의 전략적 사고를 이끌어낼 수 있을까? 그 해법은 올바른 답을 찾는데 있지 않다. 성공 전략은 올바른 질문에서 시작된다. 올바른 질문을 던져 그 해답을 찾으려는 전략적 사고를 유도함으로써 자신에게 가장 적합한 성공 전략을 도출하고 모든 조직 구성원들이 합심해 실행할 수 있기 때문이다.

그런 점에서 로버트 사이먼스 하버드대 교수의 조언은 7개의 질문으로 시작해 전략의 의미와 성공적인 전략 실행 방법을 알려주기에 그 의미가 남다르다 할 수 있다. 최신의 경영 기법이나 각광받는 전략이 진정한 전략이 아니며, 조직 스스로가 올바른 질문이 이끄는 전략적 사고를 통해 전략을 찾고 실행해나가는 과정이 중요함을 일깨워주고 있다.

사실 조직 구성원들만큼 전략적 해답을 잘 알고 있는 사람은 없다. 이미 해답은 조직 내에 존재한다. 단지 그 해답을 찾는 방법을 모를 뿐이다.

로버트 사이먼스는 그 방법을 7개의 전략 질문 형식으로 제언하고 있다. 너무 간단 명료하게 제안하는 것처럼 보이지만 실상 진리는 언제나 간결하고 명료하다. 어설프게 아는 사람들이 복잡하고 장황하게 설명하는 법이다. 사실 30여 년 동안의 연구 결과를 집약해 이렇게 간단 명료하게 정리하기는 쉽지 않다. 하버드대 최고경영자 과정과 경영대학원 과정의 핵심 강의로 자리잡은 것에도 알 수 있지 않는가?

앞뒤가 꽉 막힌 듯 답답한 현실에서 돌파구를 찾으려는 리더들에게 허황된 기법으로 유혹하지 않고, 조직 내 전략적 사고를 자극하여 해답을 찾게 해주는 실질적인 조언이라는 점에서 이 책은 유용하리라 생각한다.

물론 이 7개의 전략 질문은 언제나 적용 가능한 방법이기에 현재 리더가 아니지만 전략 리더를 지향하는 분들에게도 '자신이 리더라면 어떻게 해야 할지' 전략적 사고를 유도함으로써 전략가로 성장하는데 많은 도움이 될 것으로 확신한다.

2015년 8월
조철선

한국의 독자들에게

이 책이 한국에서 출간된다고 하니 기쁜 마음을 감출 수 없다. 사실 한국은 전 세계에서 가장 역동적인 나라 중의 하나이다. 삼성과 현대, 기아는 한국인들의 뛰어난 비즈니스 재능을 보여주는 대표적인 사례라 할 수 있다. 이처럼 비즈니스가 살아 숨쉬는 한국에서 출간된다는 소식이 나로 하여금 한국 독자들에게 드리는 글을 쓰게 했다.

하지만 한편으론 마음 한 켠에서 걱정이 피어 오른다. 한국은 지금도 수출 주도형 비즈니스 모델이기에 점점 더 강력한 글로벌 강자들과의 험난한 경쟁에 직면해야 하기 때문이다. 지금껏 성공해 왔듯이 미래에도 지속 성장하기 위해서는 앞으로 닥칠 힘들고도 어려운 선택 앞에서 보다 전략적으로 행동해야 한다.

전 세계 고객들은 이전보다 더 까다로운 요구를 하고 있다. 경쟁에서 승리하기 위해선 고객들에게 최대한 자원을 집중함으로써 경쟁자보다 앞서 고객을 사로잡아야 한다. 경쟁력을 지속적으로 강화하기 위해서는 핵심 가치와 책임감으로 경쟁력 있는 일터를 만들어야 한다. 또한 현재의 성공에 안주하다간 언제 역전당할지 모르기에, 변화하는 환경에 적응하고 혁신을 창출하는 능력도 갖춰야 한다. 이 모든 과제들을 해결할 수 있어야 지속적으로 성장해 갈 수 있다.

그런 점에서 나는 이 책이 힘들고도 어려운 선택을 하는 데 통찰력을 주고 실질적인 해결책이 될 것이라 생각한다. 과거보다 더 큰 도전을 해야 하는 한국 기업을 이끄는 리더들이 이 책에서 소개하는 7개의 전략 질문을 끊임없이 던짐으로써 조직 구성원들의 전략적 사고를 이끌어내고 자신의 전략을 훌륭하게 수행한다면 성공의 자리는 그대들 차지가 될 것이라 확신한다. 한국의 모든 리더들에게 건투를 빈다.

2015년 8월
로버트 사이먼스

목차

감수의 글 | 006
한국의 독자들에게 | 010

Introduction. **하버드가 던지는 7개의 질문** | 017

"가장 심각한 실수는 잘못된 대답이 아니라,
잘못된 질문을 던지는 것에서 비롯됩니다."

전략은 올바른 질문에서 시작된다 | 020
전략적 사고를 자극하는 7개의 질문 | 022
질문을 던지는 방식도 중요하다 | 033
하버드 수업에 당신을 초대한다 | 035

Chapter 1. **핵심 고객이 누구인지 제대로 알고 있는가?** | 039

"여러분 모두 아침마다 이불이 땀에 흠뻑 젖을 정도로
두려움에 떨며 일어나야 합니다."

모든 고객을 공략하는 전략만큼 어리석은 건 없다 | 045
스위트 스팟을 공략하라 | 048
하버드대의 진정한 핵심 고객은 누구일까? | 050
다른 고객들의 기분까지 고려하지 마라 | 054
리더가 직접 나서야 한다 | 055
당신의 WHO는 누구인가? | 058
핵심 고객에 적합한 조직이라고 확신할 수 있는가? | 060
엉뚱한 일에 자원을 낭비하고 있지 않는가? | 064

Chapter 2. **핵심 가치에 따른 우선순위가
명료하게 정해져 있는가?** | 069

"'직원, 고객, 주주 가운데 누가 가장 중요한가?'라는
질문은 기업 경영에서 난제로 여겨집니다."

당신이 머크의 CEO라면 어떻게 결정했을까? | 073
당신 앞에는 3가지 선택이 놓여 있다 | 076
우선순위를 선택하는 결정은 쉬운 일이 아니다 | 081
핵심 가치는 망망대해에 떠 있는 북극성이다 | 082
우선순위가 아니라고 책임까지 저버려서는 안 된다 | 087
히포크라테스 선서와 존슨앤존슨 신조 | 089
오로지 핵심 가치에 따라 행동하라 | 093

Chapter 3. **평가에 반영되는 주요 성과 변수는 무엇인가?** | 099

"훌륭한 기업의 경영자는 매일 타이어를 발로 차보며
차를 점검하는 태도로 임하는 사람들입니다."

당신이라면 이 딜레마를 어떻게 해결하겠는가? | 103
평가 지표들이 나열된 목록은 의미가 없다 | 106
성과 평가 시스템은 단순해야 한다 | 109
전략이 실패한 상황을 상상해 보라 | 112
마법의 숫자 7을 기억하라 | 116
재무 지표는 언제나 중요하다 | 117
리더의 일관된 관심이 성과를 창출한다 | 121

Chapter 4. **전략적 통제 경계를 어디까지로 정했는가?** | 127

"집중이란 다른 100가지 좋은 아이디어에
'아니오'라고 말하는 것을 의미합니다."

부정적 사고의 힘을 활용하라 | 132
생존을 위협하는 헤드라인 리스크 | 135
만약 당신이라면 어떻게 하겠는가? | 138
전략적 경계를 설정하는 4가지 사례 | 139
좋은 기회라도 선택하지 말아야 할 것이 있다 | 142
전략적 경계가 내실 있는 성장을 견인한다 | 147
전략적 경계는 냉정함을 요구한다 | 149

Chapter 5. **창의적 긴장감을 어떻게 조성하고 있는가?** | 155

"압박이 없었다면 혁신도 없었을 겁니다.
궁지에 몰린 쥐가 창의력을 발휘합니다."

예측 가능한 일상과 편안한 습관을 깨뜨려라 | 159
창의적 긴장감은 불편하게 다가온다 | 162
혁신을 자극하는 3가지 방법 | 163
부서 벽을 넘는 혁신을 만드는 4가지 방식 | 170
단순함이 최고의 무기다 | 177

Chapter 6. 조직 구성원들은 서로 돕기 위해 얼마나 헌신하고 있는가? | **183**

"조직 최상위 계층의 사람들은 여러 특전을 누리죠. 그러면서 비용을 줄이라는 요구에 직원들이 왜 움직이지 않는지 의아해합니다."

사우스웨스트 항공과 엔론의 차이 | 187
당신만의 동기 부여 이론을 가지고 있는가? | 191
협력하는 문화를 조성하는 데 필요한 4가지 요소 | 194
장교는 제일 마지막에 식사한다 | 202
협력과 보상을 어떻게 연계시켜야 할까? | 203

Chapter 7. 밤잠을 설치게 만드는 전략적 불확실성은 무엇인가? | **211**

"모든 일이 잘 돌아간다고 느낄 때 직원들에게 변화를 요구하기란 굉장히 힘든 일입니다."

미래를 예단하는 자는 반드시 몰락한다 | 215
조직에 보내는 신호를 적절히 활용하라 | 218
쌍방향 정보 교류에 집중하라 | 220
어떻게 쌍방향 시스템을 구축해야 할까? | 225
조직 내 카산드라를 적극적으로 양성하라 | 228
7개의 전략 질문은 재료일 뿐이다 | 236

체크리스트 | 238
주석 | 240

> 가장 심각한 실수는
> 잘못된 대답이 아니라,
> 잘못된 질문을
> 던지는 것에서 비롯됩니다.
>
> – 피터 드러커, 현대 경영학의 아버지

INTRODUCTION

하버드가 던지는 7개의 질문

장기 저성장과 글로벌 무한 경쟁 속에서 성공하려면 남다른 경영 전략이 필요하다고 생각한다. '전략이 없으면 미래도 없다'는 말처럼 전략이 기업 경영의 중심에 놓여 있는 건 사실이지만, 특별한 전략이나 경영 기법이 만병통치약으로 탈바꿈하는 것만큼 비현실적인 일은 없다.

새로운 경영 기법에 회의적인 경영자들이 많다. 여기에는 다 그럴 만한 이유가 있다. 컨설턴트들과 경영 서적을 통해 획기적인 성과 향상을 약속하는 새로운 접근법이 끊임없이 등장한다. 하지만 이들은 업계 환경이 달라 잘 들어맞지 않거나, 적용할 가치가 없는 경우가 대부분이다.

나는 경영의 복잡한 문제들에 두루 적용되는 해결책이라고 강조하는 오만한 태도를 항상 우려해왔다. 하버드대학교 경영대학원 교수로서 새로운 경영 기법이 크게 유행하다가 이내 사라지는 것을 여러 번 목격하다 보니, 최신 이론과 기법을 내세우며 그럴 듯하게 포장된 처방안을 경계하게 되었다. 책을 집필하거나 자문을 해주는 일은 비교적 쉽다. 그런데 기업 경영은 그렇지 않다. 경영자는 한 발짝 물러나 초연한 자세를 취할 수가 없다. 팔을 걷어 올리고 모든 세부적인 사안에 직접 관여해야 한다. 기업에 따라 해결 방안도 다르며, 리더들이 직면하는 여러 문제를 동시에 해결할 수 있는 방안은 존재하지 않는다.

그럼 만병통치약과 같은 해결책을 찾으려는 망상에서 벗어나 전략적으로 올바르게 접근하려면 어떻게 해야 할까? 나는 30여 년간 경영자들을 대상으로 활발한 토론과 사례 연구를 통해 수업을 진행하면서 모든 기업에 가치를 더해 줄 한 가지 방식이 있다는 사실을 알게 되었다. 그 방식이란 바로 올바른 질문을 던지는 것이다.

전략은 올바른 질문에서 시작된다

이 책은 리더가 자신과 조직의 구성원들에게 올바른 질문을 던져 전략을 가장 효과적으로 실행하도록 이끌어주기 위해 쓰였다. 이 책의 접근법은 다음의 3가지 명제에 근거하고 있다.

첫째, 나는 전략을 성공적으로 실행하려면 간단한 논리와 분명한 원칙에 근거하여 어렵더라도 불편한 선택을 내려야 한다고 믿는다. 우리는 컨설턴트나 교수들을 맹종하며 그들이 제시하는 복잡한 기법들을 중시하다 보니 기본을 망각한다. 우리는 간단하지만 핵심적인 질문들을 자문함으로써 명료한 사고를 저해하는 애매모호함에서 벗어나 성공으로 나아가기 위한 핵심 주제들에 집중할 수 있다.

우리는 대개 선택을 회피하는 습관에 젖어 안이하게 살아간다. 핵심 고객에게 초점을 맞추는 대신 다양한 유형의 고객을 대상으로 삼는다. 조직에 핵심 가치를 불어넣는 대신 바람직한 모든 행동들을 나열한 목록을 만든다. 중요한 지표 몇 가지에 집중하는 대신 수많은 지표가 들어간 평가표를 만든다. 선택의 위험을 피하려고 무턱대고 열심히 일한다.

이 책에 나온 질문들은 직관적 판단에 따른 기존 가정에 이의를 제기하고 마음 불편한 결정을 내리도록 유도한다. 물론 이를 통해 전략을 성공적으로 실행하게 해줄 초점과 방향성을 제시한다.

둘째, 나는 각각의 기업과 업계는 서로 다르기 때문에 리더가 직면한 여러 문제에 두루 적용되는 해결안을 제시하는 것 자체가 무의미하다고 생각한다. 당신은 당신의 기업에 대해 나보다 훨씬 더 많이 알고 있다. 가장 적합한 해결책은 당신에게 이미 있다. 단지 이를 끄집어낼 방법을 모르고 있을 뿐이다.

마지막으로, 나는 전략을 성공적으로 실행하려면 리더가 조직의 구성원들과 활발한 논의를 벌여야 한다고 믿는다. 전략적인 측면에서 마법의 묘약이나 비법 같은 것은 없다. 기업이 성공하는 길은 단 하나다. 리더가 조직의 구성원들과 함께 최근 정보들을 분석하고, 의사결정을 고민하며, 향후 실행 계획에 대해 진지하게 논의해야 한다.

그러기 위해서는 이 책에 나온 7개의 질문들을 끊임없이 던져야 한다. 전략적 사고를 자극하기 위해 이 질문들이 쓰인 질문지를 항상 가지고 다녀야 한다. 전략을 수립하거나 점검하는 자리에서 이 질문지를 중심으로 논의해야 한다. 이렇게 해서 성공을 거둔 경우를 나는 많이 목격했다. 상사는 부하 직원들을 이끌어주거나 시험해보기 위해, 부하는 상사들에게 전략적 행동을 유도하기 위해 이 질문들을 던질 수 있다. 이 질문들이 던져지면 조직의 기본 원칙과 전망에 대해 솔직한 대화를 나누게 되어 있다. 그러므로 리더는 이 질문들을 전사적 의사 결정에 조직 구성원들이 전념하게 만드는 촉매제로 활용해야 한다.

리더를 비롯한 조직의 구성원들은 이러한 질문들에 일관되고 명확하게 대답할 수 있어야 한다. 그렇게 해야 비로소 자신의 전략이 올바르게 수립되고 성공적으로 실행할 수 있는 궤도에 제대로 올랐다는 확신을 얻을 수 있다.

전략적 사고를 자극하는 7개의 질문

나는 일부러 이 책을 간결하게 만들었다. 할 수만 있다면 그냥 7가지 핵심 질문이 쓰인 종이를 코팅해서 여러분께 나눠주고 싶다. 진실로 아는 사람은 복잡하고 장황하게 설명하지 않는 법이다. 핵심은 언제나 간결하고 명료하다.

나는 이 질문들과 관련해 두 가지를 강조하고 싶다. 첫째, 이 질문들은 전략을 창출하는 방법을 넘어 전략을 올바르게 실행하는 방법에 초점이 맞추어져 있다. 리더가 고객을 위해 가치를 창조하고 제품과 서비스를 차별화시키기 위해 선택한 전략의 올바른 실행이 성패를 좌우하기 때문이다. 물론 애초에 전략이 잘못 고안되었다면 이러한 질문들을 통해 전략의 결점이 드러나며, 이때 리더는 생각의 날을 다시 갈 수 밖에 없다.

둘째, 7개의 전략 질문 목록은 제시 순서나 전개 방식에 질서가 있다는 점이다. 나는 '7C'라고 부르는 이 질문들을 다음의 순서에 따라 제시했다. 고객Customer과 핵심 가치Core value와 관련한 첫 두 질문을 통해 전략 실행을 위한 기반을 공고하게 구축했는지 알아볼 수 있다. 그리고 주요 성과 변수Critical performance variables와 전략적 제약Constraints과 관련한 다음 두 질문을 통해 리더가 모든 구성원이 조직의 전략적 의제에 집중하게 만들고 있는지 알아볼 수 있다. 창의적 긴장감Creative tension과 협력Commitment과 관련한 5, 6번 질문을 통해 리더가 구성원들에게 성공에 필요한 행동을 하도록 박차를 충분히 가하고 있는지 알아볼 수 있다. 마지막으로 환경 변화로 야기될 만일의 사태Contingencies와 관련한 질문은 조직의 미래와 변화에 적응할 수 있는 능력에 초점이 맞추어져 있다.

7개의 전략 질문 Seven Strategy Questions

1. 핵심 고객이 누구인지 제대로 알고 있는가?
2. 핵심 가치에 따른 우선순위가 명료하게 정해져 있는가?
3. 평가에 반영되는 주요 성과 변수는 무엇인가?
4. 전략적 통제 경계를 어디까지로 정했는가?
5. 창의적 긴장감을 어떻게 조성하고 있는가?
6. 조직 구성원들은 서로 돕기 위해 얼마나 헌신하고 있는가?
7. 밤잠을 설치게 만드는 전략적 불확실성은 무엇인가?

질문들이 누구나 알고 있는 수준으로 생각되는가? 고객이 누구인지 모르고, 우선순위도 정하지 않고, 성과 평가도 제대로 하지 않는 조직이 어디 있겠냐고 반문하고 싶은가? 그렇게 묻는 이들 대부분이 7개의 전략 질문에 제대로 대답하지 못했다. 어설프게 알면서도 잘 알고 있다고 착각했다. 질문의 의미와 실행 방안을 깊이 고민하며 파고들어야 제대로 된 대답이 나올 수 있다.

나는 성과 관리 체계를 집중 연구하던 30년 전부터 이러한 질문들을 고안하기 시작했다. 10여 년 동안 많은 리더들을 인터뷰했고, 성공과 실패 사례 연구를 바탕으로 글을 썼으며, 경영자들이 혁신과 통제 사이에서 균형을 잡는 데 이용하는 기법들을 다룬 논문을 펴냈다. 이런 작업들을 기반으로 《관리 장치Levers of Control》를 출간했다.

이후 전략 실행에서 둘째로 중요한 주제인 '조직 설계'에 관심을 기울였다. 5년 넘게 저명한 경영자들을 탐구하면서 그들이 자원을 효율적으로 배분하기 위해 조직 구조를 어떻게 만드는지 연구했다. 그리고 그 작업의 결과를 《조직 설계 장치Levers of Organization Design》에 담았다.

나의 첫 책이 시스템에 초점을 두었다면 두 번째 책은 조직 구조에 집중했다. 나는 이 두 권의 책에서 어느 기업에서든 전략을 성공적으로 실행하는 데 핵심이 된다고 생각하는 7가지 변수를 강조했다.

이러한 변수들을 적절한 질문으로 바꾸는 일이 마지막이자 가장 중요한 단계였다. 나는 다이이찌산쿄Daiichi Sankyo, 헨켈Henkel, 하니웰Honeywell, 록히드 마틴Lockheed Martin, 메리어트Marriott, AP몰러-머스크A.P. Moller-Maersk, 스탠다드차타드Standard Chartered 같은 일류기업의 경영자들로 구성된 팀들과 작업하며 이 질문들을 시험하고 가다듬었다. 그렇게 탄생된 7개의 전략 질문은 하버드대학교의 최고경영자 과정과 경영대학원 2년차 과정에서 다루는 전략 수업의 핵심이 되었다. 물론 나는 수업 시간에 끊임없이 핵심을 찌르는 질문을 던져 참여한 경영자들과 학생들을 괴롭혔다. 이 책을 읽는 당신은 내가 그 과정에 참여한 경영자들이나 학생들에게 제시한 접근법과 자료들을 고스란히 접할 수 있다.

이 7개의 전략 질문이 중요한 이유는 각 질문이 전략을 성공적으로 이행하기 위해 반드시 달성해야 할 '실행 과제'의 핵심 내용을 담고 있기 때문이다. 여기서 '과제'는 결코 안 해도 별 상관없는 숙제와 같이 가벼운 의미가 아니다. 과제 완수 여부에 따라 전략을 성공적으로 구사하느냐, 아니면 자신의 회사를 상당한 위험에 빠뜨리느냐가 결정된다.

> 당신은 7개의 전략 질문에 자신 있게 답할 수 있는가?

경영의 리더 50인이 주는 교훈이 담긴 책 《CEO가 되는 길 Lessons from the Top》을 보면 이러한 실행 과제가 얼마나 중요한지 알 수 있다.[1] 15년 전에 출간되었음에도 흥미진진한 일화들과 배울 가치가 있는 교훈들이 담겨 있다.

하지만 이 책에 소개된 리더들의 이름을 들으면 마음 깊은 곳에서 불편한 감정이 느껴진다. 마이클 델 Michael Dell과 빌 게이츠 Bill Gates, 루 거스너 Lou Gerstner 같은 이름들에 뒤이어 다임러크라이슬러 DaimlerChrysler의 밥 이튼 Bob Eaton이나 AIG의 행크 그린버그 Hank Greenberg, 페니 메이 Fannie Mae의 프랭크 레인즈 Frank Raines 같은 이름들이 나오기 때문이다.

후자 그룹은 성공보다는 실패와 관련이 있다. 이 경영자들이 실패한 전략을 썼다는 사실이 나중에 드러났기 때문이다. 우리가 여기서 배울 수 있는 유일한 교훈은 똑같은 실수를 저지르면 안 된다는 것이다. 성공한 경영자도 실패할 수 있다!

그런 측면에서 7개의 전략 질문과 각 질문에 내포된 과제들은 한때 성공한 것으로 여겨졌던 리더들이 빠졌던 함정을 피하게 해준다. 이제 7개의 전략 질문과 실행 과제를 중심으로 각 장의 내용을 개략적으로 살펴보도록 하자.

핵심 고객이 누구인지 제대로 알고 있는가?

첫 번째 과제이자 성공적인 전략 실행의 핵심은 바로 '고객에 대한 자원 할당allocating resources to customers'이다. 사업부와 지원부서, 외부 제휴사 등은 끊임없이 경쟁적으로 자원을 요구한다. 그러므로 리더라면 지금 자원을 적절하게 배분하고 있는지 알고 있어야 한다.

따라서 어떤 기업이든지 가장 중요한 전략적 결정은 모든 운영의 초점을 어디에다 맞출 것인지 그 대상을 정하는 일이다. 핵심 고객을 명확하게 정의하면 그들의 니즈를 충족시키는 데 가능한 한 모든 자원을 집중할 수 있다. 이는 무한 경쟁의 시대에 성공 가능성을 극대화하는 최선의 방법이다.

물론 핵심 고객에 자원을 집중했다가 실패할 위험도 있다. 그러다 보니 '우리 회사의 고객 유형은 다양하다'라는 말로 핵심 고객 정의에 내포된 힘들고 어려운 결정을 피해가려 한다. 하지만 이런 결정의 결과는 저조한 성과로 이어진다. 핵심 고객을 명확하게 정의하고 자원을 집중시킨 경쟁사가 당신을 앞서갈 테니 말이다. 결국 성공

기회를 쟁취할 도전도 못해본 채 실패하는 셈이다.

핵심 가치에 따른 우선순위가 명료하게 정해져 있는가?

핵심 고객을 정의했다면 회사의 핵심 가치를 정해야 한다. 즉, 고객과 직원, 주주 중에서 누구의 이익을 우선해야 하는지 결정해야 한다. 단순히 바람직한 행동들을 나열한 가치 선언문으로는 충분하지 못하다. 진정한 핵심 가치에는 어려운 결정에 직면했을 때 '누구의 이익을 가장 우선시해야 하는가'라는 내용이 포함되어 있어야 한다. 하지만 상당수의 기업들은 고객과 직원, 주주를 모두 고려하는 방향으로 핵심 가치를 정한다. 그러다 보니 명료하게 우선순위가 정해져 있지 않아 우선순위가 상황에 따라 바뀌는 경향이 있다. 그 결과 전략 실행의 일관성은 사라지고 성과 역시 기대하기 어렵게 된다.

'핵심 가치에 따른 우선순위 결정prioritizing core values'은 핵심 고객 정의와 함께 기업 전략을 떠받치는 동량이 되어야 한다. 주주를 가장 우선시하는 기업도 있고 직원을 가장 우선시하는 기업도 있다. 물론 고객을 가장 우선시하는 기업도 있다. 어떤 선택이 옳고 그르다고 말할 수는 없지만, 자신만의 선택을 반드시 내려야 한다. 그런 점에서 2백억 달러의 손실을 감수하고 바이옥스Vioxx를 철수시키기로 한 머크Merck의 결정과 셀레브렉스Celebrex를 계속 판매하기로 한 화이자Pfizer의 결정을 비교해 볼 것이다.

평가에 반영되는 주요 성과 변수는 무엇인가?

핵심 고객을 중심으로 자원을 제대로 배분했고 전략적 의사 결정에서의 우선순위를 정했다면 전략 실행의 기반은 갖추어졌다. 그렇다면 이제 모든 조직 구성원들을 당면한 문제에 집중하게 만들어야 할 때다. 그러기 위해선 '성과 목표 관리tracking performance goals'에 따른 올바른 성과 관리가 필요하다. 즉, 올바른 목표를 정하고, 책임을 부여하며 성과를 관찰하는 일련의 과정이 중요하다. 아무리 핵심 고객과 우선순위를 올바르게 선정했다 하더라도 잘못된 성과 지표에 집중하거나 무분별한 지표들로 가득 찬 평가표를 기준으로 한다면 전략 실행은 실패할 가능성이 높다.

그러므로 리더는 전략의 성공과 실패를 분명히 나타낼 수 있는 주요 변수만을 선택함으로써 중간 관리자들이 이 변수들에 기초하여 평가하도록 해야 한다. 이 셋째 질문은 '주요'라는 용어에 초점이 맞추어져 있다. 너무 많은 목표는 진정한 목표가 없음을 나타낸다. 나는 올바른 변수들을 선택했는지 확인해볼 수 있는, 간단하지만 효과적인 방법을 제시할 것이다. 또한 노드스트롬Nordstrom이나 애플Apple 같은 기업들이 어떻게 자신만의 성과 측정 지표를 개발하여 좋은 결과를 거두었는지 설명할 것이다.

전략적 통제 경계를 어디까지로 정했는가?

어떤 조직이든 구성원의 개인적인 행동이 공들인 전략을 실패하게 만들고 전체 조직을 위태롭게 할 가능성은 열려 있다. 그럼에도 이런 위험에 대비하는 기업들은 그리 많지 않다. 본문에서 살펴보겠지만 여기서 해결안은 명확한 경계를 정하는 것이다.

'전략적 위험 통제 controlling strategic risk'는 넷째 실행 과제다. 부정문으로 기술되는 전략적 경계는 구성원들의 진취적인 시도를 조직이 추구하는 바람직한 방향에 맞추도록 해준다. 전략적 경계는 엔론 Enron의 파산과 미국 주택담보금융업체인 패니 메이, 리먼 브라더스 Lehman Brothers 같은 금융 회사들의 추락에 원인이 되었던 잘못된 행동들을 피하게도 해준다.

창의적 긴장감을 어떻게 조성하고 있는가?

제대로 된 성과 지표로 평가하고 전략적 위험을 통제하고 있다면 다섯 번째 실행 과제를 점검할 차례다. 그것은 바로 '혁신 촉구 spurring innovation'다. 기업은 혁신이 이루어질 때 건강한 조직이 된다. 혁신에 실패한 기업들은 결국 몰락하고 만다는 사실을 우리는 알고 있다. 외부 변화에 영향을 받지 않는 기업은 없다.

하지만 조직에서 혁신을 지속하는 일이 쉽지 않다는 점 역시 잘 알려진 사실이다. 사람들은 익숙한 습관에 안주하려고 한다. 자신이 아는 것만을 고수하고 자신의 방식을 바꾸는 데 저항한다. 그러므로 리더는 조직 구성원들이 타성을 극복하고 편안함의 영역에서 나오게 함으로써 혁신에 박차를 가해야 한다. 나는 구성원들이 기꺼이 혁신에 헌신하도록 조직 내에 창의적 긴장감을 조성하는 기법들을 소개할 것이다.

조직 구성원들은 서로 돕기 위해 얼마나 헌신하고 있는가?

대부분의 기업에서 임직원들이 서로 협력하는 분위기를 만드는 일은 굉장히 중요하다. 특히 조직 구성원들에게 혁신을 요구하는 상황에서는 더욱 그렇다. 물론 예외도 있다. 개인의 이익 추구를 기반으로 만들어진 조직이라면 그럴 필요가 없다.

당신의 조직도 서로 협업하는 문화와 개인의 이익을 중시하는 문화 사이에 한 가지가 깊이 뿌리를 내렸겠지만, 그 부분이 논의되었던 적은 없었을 거라고 생각한다. 하지만 이는 매우 중요하다. 조직의 리더가 두 문화 중에서 선택한 것을 명시하지 않았거나 선택한 것이 실현되도록 노력하지 않으면 전략 실행이 실패로 돌아갈 가능성이 높아진다.

'헌신하는 분위기 구축building commitment'은 여섯 번째 실행 과제다. 나는 공동의 목표를 달성하기 위해 협력을 유도하는 기법들을 제시할 것이다. 물론 개인의 이익을 추구하는 문화가 적합한 기업에서 활용할 수 있는 대안도 제시하려 한다.

밤잠을 설치게 만드는 전략적 불확실성은 무엇인가?

현재 아무리 훌륭한 전략이라 하더라도 영원히 효과를 발휘한다는 보장은 없다. 호황기가 있으면 불황기가 있다. 고객의 선호도 변하며, 경쟁사들은 신제품을 선보일 것이며, 예기치 못한 곳에서 파격적인 신기술이 등장할 수 있다.

그렇기 때문에 '변화에 대한 적응adapting to change'이라는 마지막 실행 과제가 남아 있다. 변화에의 적응은 생존에 중요한 요소지만 실현하기가 굉장히 어렵다. 외부 환경이 끊임없이 변화하는 상황에 직면했음에도 편안한 조직 내에 안주하고 있는 구성원들로서는 어디를 봐야 하고 어떻게 반응해야 하는지 모를 때가 많기 때문이다.

나는 존슨앤존슨Johnson & Johnson 같은 기업들이 변화하는 환경 속에서 새로운 정보와 아이디어를 찾는 데 이용했던 기법들을 살펴보려 한다. 리더가 전략적 불확실성에 관심을 쏟는 태도는 조직 구성원들도 그것에 집중하게 만드는 촉매제 역할을 한다. 구성원들은 리더가 예의주시하는 것에 집중하기 때문이다. 나는 이 원리를 이용하여 미래를 위한 새로운 전략을 끌어내는 방법을 논의해보고자 한다.

질문을 던지는 방식도 중요하다

당신은 이 책을 통해 리더로써 조직 구성원들을 생산적인 논의에 참여시키기 위해 던질 수 있는 전략적 질문들을 알게 될 것이다. 하지만 이러한 질문 자체는 재료에 지나지 않는다. 구슬이 서 말이라도 꿰어야 보배라고 했듯이 어떻게 조직 구성원들에게 질문을 던져 적극적인 참여를 이끌어 내느냐가 더욱 중요하다.

내가 성공을 거둔 리더들을 만나면서 알게 된 사실은 이러한 질문들을 이용하여 조직 구성원들을 논의에 참여시키려면 다음의 원칙을 지켜야 한다는 점이다.

• **얼굴을 마주하고 대화해야 한다.**

'눈을 마주보며' 직접적으로 상호 작용하는 것이 좋다. 서류나 동영상 등 대체 수단을 이용한다던지, 이메일로 하거나 원거리 회의 등을 통해서도 안 된다. 이 질문 과정의 영향력은 구성원들이 당면한 문제를 해결하거나 기회를 붙잡기 위해 소매를 걷어 올리고 함께 모여 앉을 때 나타난다. 물론 리더는 날카로운 질문으로 밀어붙여야 할 때와 격려하고 지지해줘야 할 때를 알려주는 몸짓 언어의 미묘한 신호들을 포착할 줄 알아야 한다.

- **논의가 조직 전체로 퍼져나가야 한다.**

  논의가 상부에만 한정되지 않고 조직 전체로 퍼져나가야 한다. 리더가 7개의 전략 질문을 일관되게 던진다면 조직 구성원들은 리더를 따라 그 질문들을 중심으로 다음 회의를 준비할 것이다. 리더가 형성한 분위기는 조직 전체에 퍼져나가기 마련이다.

- **논의에 운영 담당자들을 포함시켜야 한다.**

  이는 중요한 사항이다. 지원 조직인 스태프들은 정보 분석이나 해석, 후속 조치 등에 도움이 되지만, 정작 실행에 옮기고 결과에 책임을 지는 사람은 운영 담당자들이다. 그러므로 리더는 7개의 전략 질문을 기획부서와 같은 스태프 직원들에게만 던지면 안 된다. 조직을 실질적으로 이끌어나가는 모든 사람을 이 논의에 참여시켜야 한다.

- **누가 옳은지가 아니라 무엇이 옳은지를 두고 논의해야 한다.**

  상대의 직함이나 사내 정치 상황을 고려하지 말아야 한다. 리더는 모든 구성원이 위험을 감수하고, 인기 없는 견해도 말하며, 현재 상황에 이의를 제기하도록 장려해야 한다. 쌍방향 프로세스가 성공하려면 리더가 혁신적인 생각을 하는 사람을 인정하고 보상해주어야 한다. 조직 구성원들은 리더를 예의 주시하면서 새로운 아이디어를 말했을 때의 위험과 보상을 가늠한다.

- **논의의 결론은 '그럼 무엇을 할 것인가'로 마쳐야 한다.**

　이 책에 나온 질문들을 목적을 달성하기 위한 수단으로 여겨야 한다. 이 질문들은 기업의 중요한 문제들을 좀 더 집중적으로, 새롭게 이해하기 위해 활용되는 도구이긴 하지만, 리더가 논의에 참여하는 목적은 결정을 내리고 궁극적으로는 행동을 하기 위해서다.

하버드 수업에 당신을 초대한다

　피터 드러커Peter Drucker가 말했다. "가장 심각한 실수는 잘못된 대답이 아니라, 잘못된 질문을 던지는 것에서 비롯됩니다."

　하버드 최고경영자 과정이나 경영대학원 과정에서처럼 이 책에서 내가 해야 할 일은 리더가 던져야 할 올바른 질문을 알려주고 각 질문이 왜 기업의 성패를 좌우할 만큼 중요한지 이해시키는 일이다. 물론 리더는 이를 바탕으로 조직의 구성원들을 논의와 대화에 참여시켜 성공 방안을 스스로 찾아야 한다.

　본문을 시작하기에 앞서 나는 다분히 당신을 자극하려는 의도를 가지고 있음을 말해두고 싶다. 나는 하버드 강의 시간에 소크라테스식 문답법을 사용하여 경영자들과 학생들을 심하게 괴롭힌다. 책으로의 만남이기에 강의실에서의 만남과는 다르지만 핵심을 찌르는 질문을 통해 당신을 괴롭힐 생각이다. 리더라면 지금 당신의 경영 수준이 적나라하게 보여 질 것이다. 때론 불편한 기색을 감출 수 없을지도 모르며, 생각지도 못했던 질문에 당황할 수도 있다. 하지만 이는 당신을 괴롭히기 위해서가 아니다. 보다 전략적으로 올바른 길을 보여주기 위해 질문을 던지는 것이다.

당신이 리더가 아니라도 상관없다. 만약 당신이 리더라면 그 질문에 어떻게 대답할 것인지 고민하는 것으로 충분하다. 당신이 속한 회사를 떠올리며 그 질문에 답을 해보기 바란다. 지금 이 회사의 경영자라면 어떻게 할지 말이다. 이런 과정이 쌓이다 보면 미래의 유능한 전략 리더로 성장하리라 확신한다. 당신도 언젠가는 지금 조직의 리더가 되거나 자기 사업을 운영하는 경영자가 될 테니까 말이다.

물론 당신이 나의 견해에 모두 동의하리라는 보장은 없다. 어쩌면 일부 견해에는 강하게 반대할지도 모른다. 하지만 이것만은 확실하다. 당신 스스로 7개의 전략 질문을 활용한다면 전략적 사고의 날을 날카롭게 하여 사업을 성공시키고 기업을 번영시킬 수 있는 방법을 찾을 수 있다.

> 여러분 모두 아침마다
> 이불이 땀에 흠뻑 젖을 정도로
> 두려움에 떨며 일어나야 합니다.
> 여기서 두려움의 상대는
> 경쟁사가 아니라 고객입니다.
> 돈을 가진 사람은
> 바로 고객이니까요.
>
> – 제프 베조스, 아마존 CEO

CHAPTER 1

핵심 고객이 누구인지 제대로 알고 있는가?

맥도날드McDonald's 매장에 갈 일이 있으면 그곳을 한번 자세히 살펴보길 바란다. 맥도날드는 자력으로 혁신을 이룩한 기업이다. 금색 아치 모양 로고는 10년 전과 똑같지만 기업 내부는 상당한 변화를 이루었다. 맥도날드는 새로운 관점으로 핵심 고객을 신중하게 재정의하고 그에 맞춰 자원을 할당함으로써 경제 위기와 저성장 국면에서도 지속적인 성공을 거두었다.

설립 후 50년 동안 맥도날드가 보여준 성장은 소매업 역사상 가장 괄목할만한 신장으로 묘사된다.[1] 3만 2천 개 맥도날드 매장에서 하루에 무려 5천 8백만 명의 손님들에게 음식을 제공한다니 대단하지 않는가?

그렇다면 당신에게 질문을 던져보겠다. 일반적으로 지난 20세기 맥도날드의 성공은 표준화된 품질, 저렴한 가격, 정형화된 고객 서비스 등을 통해 소비자를 사로잡았기에 가능하다고 생각한다. 그렇다면 당시 맥도날드는 핵심 고객을 누구라고 정의했을까? 당연히 10대 소비자라고 생각하는가?

전 세계를 대상으로 하는 운영 방침에는 핵심 고객 정의와 관련해서 맥도날드가 내린 전략적 결정이 반영되어 있다. 물론 잘 나가는 기업들도 이러한 결정을 내리긴 해도 분명하게 논의하거나 명시하는 경우는 드문 게 사실이다. 하지만 맥도날드는 핵심 고객이 누구인지 명확하게 정의했다. 당신은 이 사실에 놀랄지도 모르겠다. 맥도날드의 핵심 고객은 매장에서 음식을 먹는 당신도 나도 우리들의 아이들도 아니었다. 핵심 고객은 바로 부동산 개발업자와 매장 점주였다. 맥도날드는 대부분의 자원을 이러한 개발업자들과 매장 점주들의 니즈를 충족시키는 데 집중 투입하여 해마다 무려 1,700개의 신규 매장을 개점했다. 이러한 방식으로 해마다 큰 폭으로 성장했으며, 수십 년 동안 성공 가도를 달렸다.

하지만 21세기 들어 맥도날드는 위기에 봉착하게 되었다. 각 매장의 매출이 감소하고 신규 점포 개설을 통한 성장도 서서히 멈추어버린 것이다. 맥도날드의 마법은 더 이상 효과를 내지 못했다. 전 세계 시장이 포화 상태였고, 사람들은 맥도날드의 표준화된 음식에 싫증을 느꼈다. 이러한 위기 속에서 CEO로 취임한 짐 캔탈루포Jim Cantalupo는 맥도날드를 다시 일으켜 세워야 했다. 캔탈루포는 상황을 분석한 후 중대한 결정을 내렸다. 그는 "앞으로 맥도날드의 새로운 보스는 소비자입니다."라고 선언했다.[2]

핵심 고객을 재정의하는 결정은 기업이 내릴 수 있는 가장 전략적이고 중차대한 결정이다. 왜 그럴까? 핵심 고객을 어떻게 정의하느냐에 따라 자원을 어떻게 할당해야 할지 결정되기 때문이다. 기본 개념은 단순하다. 핵심 고객의 니즈를 충분히 만족시키도록 가능한 한 모든 자원을 집중하겠다는 결정이다. 바꿔 말해서, 직접적이든 간접적이든 핵심 고객을 위한 가치를 창조하지 못하는 활동에는 들어가는 자원을 최소화하겠다는 의미이다.

맥도날드는 부동산 개발업자가 핵심 고객이었던 지난 수십 년 동안 자원을 어떻게 할당했을까? 맥도날드는 대규모 본사 중앙 조직을 구축하여 부동산 개발과 매장 개점, 물품 조달을 집중 지원하였다. 하지만 핵심 고객을 소비자로 수정한 이후 자원 배분은 달라질 수밖에 없었다. 소비자의 입맛은 미국 내 지역마다 다를 뿐만 아니라 맥도날드 매장이 있는 수많은 나라마다 상당히 다르다. 이에 맥도날드는 전면적인 개편을 단행했다.

먼저 맥도날드는 본사 중앙 조직 중심의 획일적인 방식에서 벗어났다. 그 대신 자원의 상당 부분을 지역 관리자들에게 할당하여 그들이 해당 지역의 특성에 맞게 메뉴와 매장 편의 시설을 변경하도록 지원했다. 그 결과 오늘날 맥도날드는 지역 입맛에 맞는 제품은 물론 샐러드와 사과 슬라이스처럼 몸에 좋은 건강식도 제공하고 있다. 아침 식사 메뉴로 영국에서는 오트밀 죽이, 포르투갈에서는 수프가 제공된다. 프랑스에서는 프랑스산 치즈가 들어간 버거가 제공된다. 또한 맥도날드는 다리가 고정된 노란색 플라스틱 의자를 디자이너가 설계한 연두색 가구와 가죽 커버로 바꾸었다. 파리에 있는 맥도날드 디자인 센터에서는 지역과 소비자를 고려한 맞춤형 매장 장식을 할 수 있도록 9가지 디자인 옵션이 제공된다.[3]

소비자들의 의견을 들어보면 맥도날드가 자원 할당의 초점을 수정한 전략이 긍정적인 효과를 내고 있음을 알 수 있다. 크리스 워드는 자신이 가던 맥도날드가 새벽 한 시까지 문을 열어 다시 단골이 되었다. 친구 사이이자 지금은 둘 다 엄마가 된 케이시 필리언과 캐럴 밀라노는 아이들을 맥도날드 놀이방에 종종 데려간다. 아이들에게 사과 슬라이스와 닭 가슴살로 만든 맥너겟을 줘도 마음에 걸리지 않는다고 한다. 러스 그린도 다시 발길을 들여놓았다. 맥도날드가 스타벅스Starbucks에 비해 라떼 가격이 더 싸고 편하기 때문이다.[4]

서브프라임 사태로 금융 위기가 불어 닥친 2008년 말 미국에서 주가가 상승한 두 기업 가운데 한 곳이 맥도날드였다는 점은 우연이 아니다(다른 한 곳은 월마트Walmart였다).[5] 2010년 1월 기준으로 맥도날드의 전 세계 동일 매장 매출이 81개월 연속 증가했다.[6] '맥도날드를 고객이 음식을 먹기에 가장 좋아하는 장소로 만들자'라는 맥도날드의 도전은 계속 진행되고 있다.[7]

맥도날드의 성공적인 재도약은 핵심 고객 정의에 따른 '고객별 자원 할당'이라는 실행 과제의 중요성을 잘 보여준다. 만일 여기서 전략적 실수를 저지른다면 그 무엇도 이를 만회해줄 수 없다.

모든 고객을 공략하는 전략만큼 어리석은 건 없다

나는 이 장에서 자원 할당과 관련한 모든 중요한 결정의 기반이 되어야 할 단계를 검토하려고 한다. 그 첫 단계는 리더가 자기 자신과 조직의 구성원들에게 전략적으로 가장 기본적이고 중요한 질문을 던지는 일이다. 그 질문은 바로 '핵심 고객은 누구라고 생각하는가?'이다.

이러한 질문을 받을 때 단순히 "우리에겐 다양한 고객이 있습니다."라고 대답하기 쉽다. 하지만 이는 성과가 안 좋

> 당신의 핵심 고객이 누구인지 제대로 알고 있는가?

을 때 둘러대는 방법에 지나지 않는다. 이런저런 이유를 대며 '핵심'이라는 용어가 강조하는 의미를 회피하려고만 한다. 모든 고객을 대상으로 정하면 다양한 고객들의 니즈를 충족시키기 위해 너무 많은 부서에 자원을 배분해야 한다. 자원을 모든 것에 균일하게 배분하는 방식을 쓰면 집중해야만 하는 분야에서 초점을 놓치고 마는 결과가 발생한다.

만일 경쟁사들이 특정 고객층에 레이저 같은 초점을 맞추는 데 혼신의 힘을 쏟는다면 그들은 항상 당신을 앞서 갈 것이다. 한번 생각해보라. 당신이 고객이라면 당신에게 주의를 온전히 쏟는 기업과 주의를 일부분만 기울이는 기업 가운데 어느 쪽을 택하겠는가?

과거 맥도날드는 명확하게 정의한 고객인 매장 점주와 부동산 개발업자에게 자원의 대부분을 쏟아 붓는 방식으로 오랫동안 승승장구했다. 하지만 이 방식이 더 이상 효과를 내지 못하자 핵심 고객을 다시 정의하고 자원도 그에 맞게 할당하였다. 맥도날드는 자신의 성장 단계에 맞춰 핵심 고객이 누구인지 명료하게 정의함으로써 지속적인 발전과 수익 창출의 기반을 구축했다.

당신이 아직도 다양한 부류의 고객을 대상으로 삼는다고 말하고 있다면 이것이 의미하는 바는 한 가지다. 당신은 어떤 고객의 니즈도 제대로 충족시키지 못하는 실패자라는 것이다. 이는 건축자재 판매업체인 홈 디포Home Depot 사례에서 극명하게 나타난다.

밥 나델리Bob Nardelli는 2001년부터 2007년까지 홈 디포의 CEO를 지냈다. 그는 일반 소비자를 대상으로 하는 주택 개조 시장이 포화되었다는 결론을 내리고 전문 도급업자에게로 눈을 돌렸다. 이제 홈 디포의 핵심 고객은 일반 소비자뿐만 아니라 전문 도급업자도 포함되었다. 그런데 도급업자를 고객으로 한 건축자재 도매 사업에 자원을 투입하기 위해선 기존 사업을 축소할 수밖에 없었다. 이에 홈 디포는 1,900여 개 매장에서 오렌지색 앞치마를 두르고 일하던 상당수의 매장 직원들을 해고했다. 또한 주택 소유자들의 문의에 대응하기 위해 고용했던 전문 배관공과 전기 기술자, 목공 등 전문가들을 시간제 근무 직원으로 교체했다. 이렇게 구조 조정을 통해 절감한 비용을 토대로 도매업체 30곳을 80억 달러에 인수했다. 물론 이런 공격적인 인수를 통해 홈 디포의 매출은 2배 정도 늘어났다.

하지만 두 마리 토끼를 잡으려는 이런 자원 배분 방식의 결과는 분명했다. 모두에게 돌아갈 자원이 충분하지 않았고 일반 소비자의 요구도, 전문 도급업자의 요구도 제대로 충족되지 못했다. 나델리가 재임하는 동안 홈 디포의 고객 만족도는 미국 소매업 역사상 가장 큰 하락세를 보였다. 더구나 신설된 도매 사업부는 원래 이윤이 낮은 사업이라 효율성 확보가 필수적인데, 이에 투입되어야 할 자원을 충분히 공급받지 못한 실정이었다.

밥 나델리를 대신해 CEO로 취임한 프랭크 블레이크Frank Blake는 홈 디포의 초점을 다시 맞추었다. 그는 일반 주택 소유자들이 다시 핵심 고객이 될 거라고 천명했다. 도매업체들을 매각하고 오렌지색 앞치마를 두르고 매장에서 일하는 직원들 수를 늘렸다. 고객에게 조언하는 전문가들도 다시 고용했다. 그 결과 고객 만족도와 동일 매장 매출, 이윤이 다시 증가하기 시작했다. 하지만 블레이크는 항상 일반 소비자의 니즈에 집중했던 경쟁사인 로우스Lowe's로 돌아선 고객들의 신뢰를 회복하려면 시간이 걸린다는 점을 인정했다.[8]

스위트 스팟을 공략하라

홈 디포의 사례에서 보듯이 핵심 고객의 선정은 회사의 미래를 좌우할 수 있다. 그럼 당신은 누구를 핵심 고객으로 선택하고 싶은가? 지금 가장 많은 수익을 창출하는 고객을 선택해야 할까? 아니라면 어떤 기준으로 핵심 고객을 선택해야 할까?

물론 이 선택은 당신 회사의 역사와 설립자, 경영진의 선호도와 역량, 경쟁의 특성과 강도, 기술 자원의 이용 가능성, 당신이 포착한 새로운 기회에 따라 달라진다. 하지만 나는 오랜 연구 끝에 핵심 고객을 선택하기 위한 스위트 스팟sweet spot이 존재한다는 것을 발견했다. 표 1에서 보듯이 스위트 스팟은 관점과 역량, 수익 잠재력이라는 세 변수가 교차하는 지점을 말한다.

| 표1 | 핵심 고객을 선택하기 위한 스위트 스팟

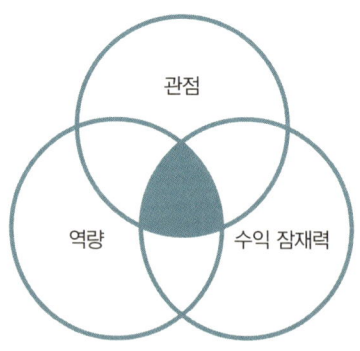

관점perspective은 당신 회사의 역사와 문화, 경영진의 가치관 등을 나타낸다. 이것은 당신 회사가 자신과 외부를 바라보는 방식을 말하며, 기회를 발견하고 포착하기 위한 렌즈와 같은 역할을 한다. 맥도날드의 경영진은 자신의 관점에 따라 고급 프랑스 요리 전문점을 열지 않을 것이며, 고급 스포츠카의 대명사인 페라리도 일반 대중을 대상으로 한 자동차를 생산하지 않을 것이다.

역량capabilities은 가용할 수 있는 유·무형의 자원을 의미한다. 여기에는 생산 공장이나, 인프라 네트워크, 노하우 등이 포함된다. 크래프트 푸드Kraft Foods가 보유한 역량으로는 어린이용 음료 분말인 쿨에이드Kool-Aid를 중심으로 어린이용 상품들로 확장할 수는 있지만, 청량음료 시장에서 코카콜라CocaCola에 도전하기는 어렵다.

수익 잠재력profit potential은 최대한 얻을 수 있는 수익률을 말한다. 나의 동료인 마이클 포터Michael Porter가 말한 바와 같이 산업 내 구매자 교섭력과 공급자 교섭력, 경쟁 강도, 신규 진입 위협, 대체재의 위협이라는 5가지 경쟁 유발 요인의 상대적 힘이 경쟁 시장에서 누가 수익을 차지하는지 결정한다.[9] 인텔Intel과 마이크로소프트Microsoft가 PC 시장에서 많은 수익을 올리고, 구글Google이 온라인 광고를 통해 대부분의 수익을 거두는 것도 바로 이 때문이다.

결국 지향하는 가치와 부합하고, 할 수 있는 역량을 가지고 있으며, 수익 창출 잠재력이 뛰어난 지점이 바로 당신이 공략할 곳이다. 그런데도 핵심 고객을 정의하는 데 곤란을 겪는다면 두 가지가 걸림돌이 되고 있을 가능성이 높다. 누구를 핵심 고객으로 보지 않을 것인지 명료하게 정의하지 못하거나, 다른 고객들의 기분을 상하지 않게 하려는 태도 때문이다.

하버드대의 진정한 핵심 고객은 누구일까?

고객들은 누구나 자신의 관심을 얻기 위해 경쟁하는 업체들이 가능한 많은 자원을 오로지 자신을 위해서만 쏟아주기를 기대한다. 하지만 모든 고객들에게 그렇게 대우해줄 수는 없다. 그러므로 누가 자원을 집중 투자해야 할 핵심 고객인지 명료하게 정의하는 일은 아주 중요하다.

몇 년 전 하버드대학교에서 나를 포함한 교수진은 무심코 한 발언으로 심각한 문제를 자초했다. 우리는 신입생 환영회에서 학생들에게 '너희들이 우리의 고객'이라고 말했다. 그런데 학생들이 진짜 고객처럼 행동하면서 문제가 벌어졌다. 학생들은 경험이 부족한 교수들에게 불만을 내뱉었고, 교재를 바꾸기 위해 영향력을 행사했으며, 교내에서 자원이 할당되는 방식을 자신들이 원하는 대로 해달라고 요구했다.

당신이 생각하기에 하버드대학교의 진정한 핵심 고객은 누구일 것

같은가? 학생이라고 대답하겠지만 아니다. 사실 우리의 핵심 고객은 우리가 창출한 새로운 생각과 지식을 활용하는 다양한 학계 전문가들이다. 이는 우리뿐만 아니라 연구를 기반으로 하는 모든 대학이 비슷하다. 물론 학생들도 중요하지만 그들에겐 그들 나름의 역할이 있다. 학생들은 상호 작용하는 교육 과정의 참여자다. 새로운 연구와 새로운 생각을 제안하고 시험하며 그것을 화두로 토론을 활발하게 이끌어간다.

당신은 이런 나의 판단과 분석에 동의하지 않을지도 모른다. 하지만 당신의 동의와 상관없이 이 결정이 우리에게 중요한 이유는 그것이 자원 배분의 기준이 되기 때문이다. 우리에게 가장 중요한 목표는 학계 전문가들을 위한 지식을 창조하는 일이다. 그러므로 우리는 전문 분야별로 교수진을 조직화하고 그에 따라 자원을 할당한다. 즉, 재무, 경영 전략, 리더십 등 분야별로 조직된 교수진들이 지식을 창조하는 일에 집중하고 있다. 만약 우리가 학생을 우리의 핵심 고객으로 선택했다면 지역 사회에 가까운 지역 캠퍼스들을 만드는 방식으로 자원을 지금과 다르게 할당했을 것이다(연구를 덜 강조하는 일부 대학에서는 이렇게 하고 있다).

이 사례가 보여주듯이 핵심 고객을 정의하는 일은 까다롭다. 하버드 학생들처럼 상품을 사용하고 돈을 지불하는 개인이나 조직이 핵심 고객이 아닌 경우가 있기 때문이다. 이런 현상은 당신이 생각하는 것보다 더 흔하게 일어난다. 예를 들어, 메리케이 화장품Mary Kay Cosmetics의 핵심 고객은 메리케이 제품을 구입하여 사용하는 소비자가 아니다. 메리케이 화장품은 회사와 판매 대리인으로 계약을 맺은 뷰티 컨설턴트들의 니즈를 충족시키는 데 자원의 대부분을 할당한다. 교육 훈련 제공, 제품 지원, 물류 센터 운영 등을 통해서 말이다. 개인 사업가라고 볼 수 있는 그들은 메리케이 제품을 구매하여 그것을 소비자에게 되판다. 메리케이 화장품은 자원을 최종 소비자의 니즈를 직접 충족시키는데 할당하기보다는 뷰티 컨설턴트들에게 집중함으로써 성공을 거두었다.

'고객'이라는 단어를 내부 조직이나 부서가 아닌 외부 이해관계자들에게만 적용해야 한다는 점을 경험으로 깨달은 경영자들도 있다. 세계적인 의료기기업체인 메드트로닉Medtronic의 CEO 빌 조지Bill George는 기준을 명확하게 하지 않으면 어떤 일이 벌어지는지 얘기했다. 메드트로닉은 일류 컨설팅 회사의 품질 프로그램을 채택했다. 그런데 그 프로그램의 중요한 화두는 내부 고객 창조였다. 일례로 물류 센터는 제조 공장의 고객으로 정의되었다. 그러자 의도하지 않게 회사의 초점이 외부 고객에서 내부 고객으로 옮겨지는 결과로 이어졌다. 결국 빌 조지는 이러한 실수로 말미암은 영향을 깨닫자마자 '이제 내부 고객 같은 것은 없다'고 선언했다.[10]

메드트로닉처럼 내부 고객에 집중했을 때 야기되는 위험은 AOL과

타임워너Time Warner의 불운한 합병에서도 분명하게 드러났다. 합병으로 탄생한 AOL-타임워너는 영화 등 엔터테인먼트 제품의 온라인 광고를 사내에서 제작, 집행하다 보니 스스로 가장 큰 고객이 되어버렸다. 그 결과 내부 부서들의 니즈를 충족시키는 데 자원의 상당 부분을 쏟아 부었다. AOL 창립자 스티브 케이스Steve Case가 나중에 인정한 바와 같이, 기업 성장의 중요 시점에 내부 고객에 초점을 둔 결과 3천 만 명에 달하는 외부 소비자를 시야에서 놓쳐버리는 실수를 저질렀다.[11]

도요타Toyota 경영진도 내부 고객이라는 개념에 미혹되었다. 2007년 도요타 CEO였던 와타나베 가츠아키Watanabe Katsuaki는 다음과 같이 말했다. "'고객 제일주의'는 도요타의 핵심 신조입니다. 여기서 고객은 비단 최종 소비자만 의미하는 것이 아닙니다. 생산 라인에서 다음 단계 작업장에 있는 직원도 고객입니다." 도요타는 창립 이래 최고의 손실을 기록하며 휘청거렸는데 여기에는 진정한 핵심 고객의 니즈를 무시한 것도 한몫 했다. 결국 가츠아키는 2009년 1월에 사임하였고, 도요타 아키오Toyota Akio가 CEO 자리에 올랐다. 물론 이 신임 CEO가 내건 첫 약속은 진짜 고객에게 초점을 맞춘 '고객 제일주의'를 강화한다는 것이었다.[12]

다른 고객들의 기분까지 고려하지 마라

핵심 고객을 선택하지 못하는 두 번째 이유는 진짜 핵심 고객은 아닌 내·외부 고객들의 기분을 상하지 않게 하려는 태도에 있다. 모든 고객들이 애정 어린 관심과 자원을 원하는 상황에서 고객들의 기분을 맞추기보다는 과감하게 선택을 내려야 하는데도 말이다.

온라인 소매업체 아마존Amazon을 생각해보자. 아마존은 '소비자'라는 핵심 고객에게 레이저처럼 초점을 맞추고 전략적으로 그 외의 그룹은 염두에 두지 않는 기업이다. 아마존의 주요 수익 원천은 두 가지다. 소비자 직거래로 얻는 소매 판매 수익과 아마존 플랫폼에 온라인 상점을 개설한 소매업자들로부터의 수수료 수익이 그것이다. 소매업자들 중에는 소규모 자영업체 외에도 타겟Target과 갭Gap, 에디 바우어Eddie Bauer와 같은 대기업도 있었다. 그런데 시간이 갈수록 소매업자들로부터의 수수료 수익은 점점 늘어나 전체 수익의 3분의 1 이상을 차지했다.[13] 그러자 아마존 경영진은 핵심 고객을 누구로 정할 것인가를 재고했다. 오랜 숙의 끝에 원래 핵심 고객인 '소비자'에 계속 집중하기로 결정했다. 지금도 아마존은 가능한 모든 자원을 이 선택에 맞게 배분하고 있다.

아마존 CEO 제프 베조스Jeff Bezos는 이해관계가 서로 상충될 때 문제를 해결하는 방법을 다음과 같이 설명했다. "우리는 어떻게 해야 할지 모를 정도로 난감한 문제에 직면하면 그것을 간단한 문제로 바꿔서 생각합니다. 바로 '소비자를 위해 더 나은 방법은 무엇인가?'라고 묻는 것이죠."[14]

이런 선택은 뒤에 언급할 중차대한 결정들과 마찬가지로 난감한 대화를 수반하기도 한다. 아마존은 소비자에게 끊임없이 초점을 맞춘다. 그러다 보니 소매업자들은 아마존이 자신들의 니즈에 충분한 주의를 기울이지 않는다며 불만을 토로한다. 심지어 아마존이 더 많은 자원을 자신들의 니즈를 충족시키는 데 할당하게 만들고자 소송을 제기한 소매업자들도 있었다.[15] 하지만 아마존은 고집스럽게 자신의 원칙을 고수하며 자원을 우선적으로 소비자에게 할당하고 있다. 물론 그 결과 아마존은 미국 소매업체들 가운데 고객 충성도가 가장 높은 기업이 되었다(모든 미국 기업 중에서는 하인츠Heinz에 이어 2위에 올랐다).[16]

리더가 직접 나서야 한다

핵심 고객이 누구인지 정의를 내렸다면 이제 조직의 모든 구성원과 함께 핵심 고객이 중요하게 여기는 것이 무엇인지 파악해야 한다. 저렴한 가격을 중요하게 여기는 소비자가 있는 반면, 맞춤 서비스를 중요하게 여기는 소비자도 있고, 기술을 중요하게 여기는 소비자도 있다. 조직의 모든 구성원은 이런 고객 선호도를 파악해 이를 충족시키는 데 집중해야 한다.

GM의 추락은 고객의 니즈를 무시할 때 어떻게 되는지 상기시켜 준다. GM은 소비자들이 원하지 않는 차를 생산함으로써 파산을 자초했다. GM은 소비자의 요구를 반영하는 대신, 생산 공장을 운영하기 위해 차를 생산했다. 그 결과 작은 엔진이 장착된 트럭들이 대량 생산되었다. 겨울철 견인 장치 옵션이 장착된 SUV들이 따뜻한 플로리다로 보내졌으며, 중산층을 대상으로 하는 가족용 승용차에 너무 값비싼 옵션들이 장착되었다. 이렇듯 소비자의 니즈와 무관하게 생산만 계속하다 보니 팔리지 않고 재고로 쌓여 있는 GM 차가 무려 백만 대를 넘었다.

이와 달리 P&G는 핵심 고객의 니즈를 파악하는 데 엄청난 투자를 하는 것으로 유명하다. 2000년 CEO로 취임한 A. G. 래플리(A. G. Lafley)는 P&G가 핵심 고객에 대한 초점을 잃은 결과 시장 점유율이 줄었다는 사실을 발견했다. 이에 래플리는 첫 조치로 '소비자가 보스다(consumer is boss)'라는 원칙을 정했다. 얼마 후 P&G 경영진의 70퍼센트 이상이 '리빙잇(Living It)' 프로그램에 참가하였다. 그들은 소비자의 집에서 며칠 동안 머물며 소비자의 가족과 함께 식사를 하고 쇼핑에도 동행했다. 이 프로그램은 소비자의 니즈를 파악하고 소비자가 자신의 삶에 영향을 미치는 소비재를 어떻게 사용하는지 알아보기 위해

실행되었다.[17]

이는 P&G만의 경영 프로그램은 아니다. 월트 디즈니Walt Disney나 콘티넨털 항공Continental Airlines, 시스코Sysco, 아마존 등도 경영진이 주기적으로 고객을 직접 대면하도록 정해놓았다. 물론 이런 방침을 정한 이유는 리더들이 고객과 직접 소통함으로써 고객이 무엇을 중요하게 여기는지 파악하게 만들기 위해서다.[18]

경영의 범위가 전 세계로 확장되는 추세에서 핵심 고객이 무엇을 중요하게 여기는지 파악하는 일은 갈수록 더 중요해지고 있다. 중국의 4억 5천만 명 여성들이 아름다운 외모를 가꾸기 위해 무엇을 원하는지 파악하기 위해 에스티 로더Estee Lauder는 상하이에 연구 센터를 설립했다. 로레알L'Oreal은 해마다 중국 여성 3만 5천여 명을 대상으로 고객 조사를 실시하고 있다. 일례로 물 공급이 부족해 헹구기 수월한 샴푸 제품을 원하고 있음을 고객 조사를 통해 알게 된 적도 있었다.[19]

핵심 고객을 선택하여 그들이 중요하게 여기는 게 무엇인지 파악하는 일은 소비재 회사뿐만 아니라 산업재 회사, 무역 회사, 기술 기업 등에게도 중요하다. IBM과 페덱스FedEx의 사례를 살펴보자. 루 거스너가 세운 턴어라운드 전략의 핵심은 IBM의 모든 경영진이 핵심 고객들을 방문하는 일이었다. 루 거스너는 경영진들이 핵심 고객들을 직접 방문하여 그들의 니즈를 파악함으로써 IBM 제품과 서비스 구성을 어떻게 바꿔야 하는지 제안하도록 했다. 물론 경영진들의 제안은 핵심 고객들이 가장 중요하게 여기는 제품과 서비스가 무엇인지 파악하여 향후 자원을 어떻게 할당할지 결정하는 기준이 되었다.[20]

한편, 페덱스는 IBM과는 다른 접근법을 썼다. 페덱스 경영진 50명은 매년마다 기업 고객들을 초청하여 '고객과의 회의Customer Summit'를 개최한다. 이 회의를 통해 그들은 고객과 직접 대면하여 자신이 잘하고 있는 일과 개선할 부분, 경쟁사가 더 잘 하는 부분에 대해 피드백을 주고받는다. 한 페덱스 임원은 이렇게 말했다. "우리는 고객들과 많은 시간을 보내며 그들이 무엇을 원하는지 파악합니다. 그런 후에 자원을 다시 할당하고 우리가 취약한 부분을 개선시키는 데 전념합니다."[21]

당신의 WHO는 누구인가?

자원을 올바르게 배분하는 방법을 고려할 때 다음과 같은 질문을 자신과 동료들에게 던져보길 바란다. 핵심 고객이 중요하게 여기는 것을 모두가 명료하게 알고 있는가? 경영진이나 마케팅 부서 직원들만 아는 것으로는 부족하다. 리더는 핵심 고객의 니즈를 파악하고 거기에 대응하는 일이 중요하다는 사실을 조직 상층부에서 하층부에 이르기까지 모든 임직원에게 끊임없이 상기시켜야 한다.

P&G 본사에서는 고객의 니즈에 초점을 두고 모든 운영이 이루어진다. 본사 로비는 자사 제품을 쓰는 소비자의 사진들로 장식되어 있다. P&G 관리자들은 "당신의 WHO는 누구입니까Who is your WHO?"라는 질문을 한다. 여기서 WHO는 핵심 고객과 고객의 마음을 움직이는 요소를 함께 일컫는 약칭이다.[22] 심지어 판지를 오려 가상의 고객을 만든 후 그것을 회의 테이블 상석에 놓고 제품의 속성을 논의하기도 한다.[23]

> 핵심 고객이 무엇을 중요하게 여기는지 모든 임직원들이 명료하게 알고 있는가?

미국 의류유통회사인 리미티드 브랜즈Limited Brands의 속옷 브랜드 빅토리아 시크릿Victoria's Secret 경영진도 이와 유사한 방식을 쓴다. 그들은 서로에게 "빅토리아가 무엇을 좋아할까요?"라는 질문을 자주 한다. 여기서 빅토리아는 브랜드명으로 상징되는 가상의 인물이다.

포드Ford도 이와 비슷한 방식을 채택했다. 포드는 포드 피에스타Ford Fiesta를 설계할 때 안토넬라라는 가상의 여성을 설정하고 거기에 초점을 맞추었다. 가상의 안토넬라는 로마에 사는 28살의 여성이다. 안토넬라의 선호도와 가상의 삶은 포드 피에스타의 설계에서 선택의 기준이 되었다.[24]

핵심 고객에 적합한 조직이라고 확신할 수 있는가?

이 부분이 이번 장의 핵심이다. 핵심 고객을 선택하고 그들의 니즈를 파악한 후에는 보유한 자원의 대부분을 핵심 고객에게만 쏟아야 한다. 미쳤다는 소리를 듣더라도 말이다. 당신이 핵심 고객의 니즈를 최대한 충족시키는 방식으로 자원을 할당하지 못한다면, 경쟁사가 그렇게 할지 모른다.

아마존의 제프 베조스는 기회가 될 때마다 직원들에게 이러한 사실을 상기시켜 준다. "저는 모든 직원에게 이런 말을 합니다. '여러분 모두 아침마다 이불이 땀에 흠뻑 젖을 정도로 두려움에 떨며 일어나야 합니다. 여기서 두려움의 상대는 경쟁사가 아니라 고객입니다. 돈을 가진 사람은 바로 고객이니까요.'"[25]

아마존은 이런 지나친 고객 편집증으로 고객이 중요하게 여기는 영역에 엄청난 자금을 투자한다. 사람들은 과잉투자라고 비판하기도 하지만, 아마존은 신경쓰지 않는다.[26]

당신도 성공을 쟁취하고 싶다면 제프 베조스처럼 핵심 고객에게 집중해야 한다. 그럼 핵심 고객에게 자원을 집중 할당하려면 제일 먼저 무엇을 해야 할까? 그 대답은 조직에 있다. 기업은 조직을 통해 자원을 할당하기 때문이다. 여기서 리더인 당신에게 중요한 질문을 던져보겠다. 당신은 고객에게 최고의 가치를 제공하기 위해 어떻게 조직을 구조화했는가? 만약 핵심 고객을 중심에 두지 않고 조직을 구축했다면 다시 고민해보기 바란다. 고객에 따라 최적의 조직 구조는 다르기 때문이다.

비슷해 보이는 두 기업인 비자Visa와 마스터카드MasterCard를 예로 들어보겠다. 이 두 기업은 같은 분야에서 경쟁하지만 각각 다른 부류의 핵심 고객을 선택했다. 그 결과 이들은 아주 상이한 방식으로 조직을 구축했다. 먼저 마스터카드는 JP모건 체이스JPMorgan Chase와 시티그룹Citigroup 같은 글로벌 대형 은행들을 핵심 고객으로 선정했다. 이들은 낮은 비용을 중시한다. 그래서 마스터카드는 전반적인 효율성을 극대화하고 거래 비용을 낮추기 위해 중앙집중식으로 조직을 구축했다. 이와 대조적으로 비자는 작지만 자신의 영역에선 강한 현지 은행들을 핵심 고객으로 선택했다. 비자는 이들의 다양한 니즈에 맞춰 맞춤형 프로그램과 카드 혜택을 제공했다. 그렇기에 비자는 중앙집중식이 아닌 지역별 조직으로 구축했다. 기업 공개를 하는 방식도 당연히 달랐다. 마스터카드는 하나의 글로벌 지주 회사 형태로 한 반면, 비자는 유럽 본부를 분사시켜 독립 법인으로 공개했다.[27]

> 고객에게 최고의 가치를 제공하기 위해 어떻게 조직을 구조화했는가?

이렇듯 핵심 고객의 니즈를 최대한 충족시키기 위해 조직을 구축하는 방식은 기업마다 다르다. 월마트 고객들은 저렴한 가격을 중요하게 여기기에 월마트는 규모의 경제를 실현하는 방식으로 조직을 구축했다. 반면, 네슬레Nestle 고객들의 단맛과 풍미에 대한 선호도는 전 세계에 걸쳐 다양하다. 그래서 네슬레는 나라별로 별도 조직을 구축, 현지인들의 입맛에 맞는 제품을 만들었다. IBM은 기업 고객들이 원하는 통합 서비스에 중점을 두기 위해 조직 설계시 정중앙에 협력팀을 두었다.

그런데 GE처럼 여러 유형의 고객을 대상으로 하는 다각화 기업의 경우는 어떨까? 그럴 경우라면 각 고객군의 니즈를 충족시키는 데 전념할 독립적인 조직을 구축함으로써 해결한다. 그러면 각 사업 부문은 독자적으로 각자 핵심 고객의 니즈를 최대한 만족시키는 방식으로 자원을 조직화하면 되기 때문이다.

펩시Pepsi도 1999년 두 개의 사업 부문으로 분리되었을 때 이 원칙을 따랐다. 펩시는 소비자들과 소매업자들의 서로 다른 요구에 직면하자, 완제품을 생산하는 보틀링Bottling 생산 부문을 별도 법인으로 분리시켰다. 원액을 제조하는 펩시코PepsiCo는 그때부터 핵심 고객인 소비자를 위한 제품 개발과 마케팅에 전념했으며, 새로 독립한 보틀링 부문은 소매업자들을 핵심 고객으로 선정하고 가격과 일관성, 즉각적인 대응을 중요하게 여기는 이들의 니즈에만 초점을 맞췄다.

2009년이 되자 펩시는 지금까지의 전략을 버리고 보틀링 생산업체들을 다시 통합하기 시작했다.[28] 인드라 누이Indra Nooyi 펩시 CEO는 사업체들의 재통합으로 탄산음료 대신 주스와 생수를 선호하는 소비자들의 바뀐 입맛에 더욱 기민하게 대응할 수 있을 거라고 주장했다.[29] 하지만 모든 선택이 그렇듯 펩시의 선택도 불편한 결정이 포함되어 있다. 이제 소매업자들은 핵심 고객의 지위에서 내려와야 하기에 이들을 위해 투입하던 자원을 줄일 수밖에 없게 되었다.

펩시 사례를 든 이유는 핵심 고객을 절대 바꾸면 안 된다는 말을 하기 위해서가 아니다. 이런 과감한 변화가 필요할 때도 있다. 그렇더라도 핵심 고객을 바꾸는 결정이 미래를 좌우할 중요한 일이며 자원 할당과 조직 설계에도 근본적인 변화를 불러오는 일이라는 점을 인식하고 실행해야 한다.

앞서 살펴본 맥도날드 사례를 떠올려보자. 핵심 고객을 부동산 개발업자에서 소비자로 바꾸기로 한 캔탈루포의 결정 덕분에 맥도날드는 위기에서 벗어날 계기가 마련되었다. 본사 중앙 조직보다 지역 관리자들에게 보다 많은 자원을 할당하여 소비자를 중심에 둔 혁신을 지원함으로써 맥도날드가 다시 성장의 날개를 펴게 만들었다.

그렇다고 위기가 닥쳐야 비로소 변화가 필요하다는 말은 아니다. 시스코는 성장을 지속하는 가운데 핵심 고객을 바꾸어 성공을 거둔 좋은 사례다. 시스코는 닷컴 회사들이 활개를 치던 시절에 초고속으로 닷컴 회사들을 연이어 인수했다. 그 결과 독립적인 사업체들이 많이 생겼고, 고객 유형도 다양해졌다. 초점을 제대로 맞추지 못하고 자원도 여기저기 흩어질 수밖에 없었다.

이에 시스코는 채널 파트너channel partner를 핵심 고객으로 정의하고 쇄신을 단행하였다. 이런 전략적인 변화가 성공하려면 근본적인 구조 조정이 필요했다. 그 결과 시스코는 독자적인 사업체들의 단순 집합체가 아니라 효율적으로 정렬되어 있는 세계 최고의 조직이 되었다. 현장 관리의 중앙 집중화로 운영 효율성이 높아지고, 비용이 절감되었으며, 핵심 고객이 중요하게 여기는 가치(최대한 낮은 가격의 첨단 기술 제품)를 충족시킬 수 있게 되었다. 이렇듯 초점을 새롭게 맞춘 전략은 대성공을 거두었다. 이제 채널 파트너들을 통한 매출은 시스코 전체 매출액의 92퍼센트를 차지한다.[30]

엉뚱한 일에 자원을 낭비하고 있지 않는가?

지금까지 핵심 고객에게 집중해야 한다는 점을 강조했다. 그런데 리더는 고객 외에도 투자자나 노조, 관공서 등 이해관계자들에게도 관심을 가져야 한다. 그렇다면 이들에게는 어떻게 대응하는 게 현명할까? 그들의 니즈는 어떻게 어느 정도로 충족시켜야 할까?

그에 대한 나의 답은 간단하다. 투자자 관리나 인사 관리, 인허가 업무처럼 다른 이해관계자들과 관련된 일은 내부의 스태프 부서에 위임하는 게 좋다. 이들은 전문 지식을 이용하여 이해관계자들이 원하는 사항을 충족시켜줄 수 있다. 이를 통해 조직의 다른 부문들은 핵심 고객을 위한 가치를 창조하는 데 집중할 수 있다.

여기서 어려운 점은 내부 스태프 부서로의 지원 수준을 결정하는 일이다. 스태프 직원들이 다양한 이해관계자들의 니즈를 만족시키도록 충분한 자원을 할당할 수 있다. 문제는 그러다 보면 핵심 고객에게 더 유용하게 쓰일 자원이 스태프 부서에 너무 많이 투입될 가능성이 있다는 것이다.

당신의 목표가 핵심 고객을 위해 할당하는 자원을 최대화하는 것이라면 결론은 분명하다. 핵심 고객을 위한 일이 아니라면 할당하는 자원을 최소화해야 한다. 그들의 니즈를 어느 정도 충족시키긴 해야 하지만, 그 이상은 안 된다. 핵심 고객에게 집중하려면 희생이 불가피하다. 망설여서는 안 된다. 스스로에게 자문해보라. 당신은 고객이 아닌 다른 이해관계자들에게 할당하는 자원을 최소화하고 있는가?

> 다른 이해관계자들에게 할당하는 자원을 최소화하고 있는가?

리더는 이런 균형을 제대로 유지하고 있는지 끊임없이 점검해야 한다. 능률적이고 현명하게 관리함으로써 낭비되는 자원들을 핵심 고객에게 쓸 수 있어야 한다. 당신 회사 재무제표에 나타난 간접비 비율을 살펴보라. 벤치마킹 대상 업체와 비교할 때 그 비율은 어느 수준인가? 당신이 생각하기에도 너무 높은가? 그렇다면 내부 부서

065

CHAPTER 1 핵심 고객이 누구인지 제대로 알고 있는가?

에 과도하게 할당된 자원을 핵심 고객을 위한 가치를 창출하는 업무에 할당하는 일에 우선적으로 착수해야 한다.

제이미 다이먼Jamie Dimon은 JP모건 체이스의 CEO로 취임했을 때 이 원칙을 따랐다. 취임하자마자 그는 아웃소싱 형태로 흩어져 있던 IT 시스템들을 내부로 들여와 전체 시스템으로 통합 관리하기로 결정했다. 또한 2천 개가 넘는 지원직을 없애 비용을 극적으로 줄였다. 이런 정리를 통해 창출한 자본을 토대로 3천 명의 신입 영업 사원을 고용하는 등 고객에 초점을 맞춘 성장 전략에 집중했다.[31] 소비재를 생산하는 독일 기업 헨켈의 카스퍼 로스테드Kasper Rorsted CEO도 이와 비슷한 전략을 썼다. 그는 내부 스태프 부서에 대한 지원에 '적정 수준 just good enough'이라는 기준을 정했다. 물론 이와 함께 가용 자원의 대부분을 핵심 고객의 니즈를 충족시키는 데 할당한다는 목표를 세웠다.

이 장에서 자원 할당과 관련한 어려운 선택에 대해 다루었다. 핵심 고객을 선택하는 것은 쉽지 않은 일이지만, 이 선택은 자원 할당과 성공적인 전략 실행의 근간이 된다.

핵심 고객이 누구인지 모호하다는 사실이 의미하는 것은 단 한 가지다. 고객에게 쏟아야 할 자원을 낭비하고 있다는 말이다. 그러지 않으려면 먼저 핵심 고객을 명료하게 정의한 후, 핵심 고객이 중요하게 여기는 것을 파악하여 그들의 니즈에 맞게 조직을 구축해야 한다. 그렇게 한다면 당신은 경쟁력을 강화하고 성공을 거둘 가능성이 높다.

  자, 그럼 이제 핵심 가치와 관련된 두 번째 질문으로 넘어가 보도록 하자.

"

'직원, 고객, 주주 가운데
누가 가장 중요한가?'라는 질문은
기업 경영에서 난제로 여겨집니다.
그런데 우리는
그것을 난제로 여긴 적이
한 번도 없습니다.

— 허브 캘러허, 사우스웨스트 항공 창업자

"

CHAPTER 2

핵심 가치에 따른 우선순위가 명료하게 정해져 있는가?

제약회사 머크의 레이 길마틴Ray Gilmartin CEO는 어느 금요일 오후 늦게 전화 한 통을 받았다. 머크 연구소 책임자인 피터 김Peter Kim 박사가 걸어온 전화였다.

김 박사는 머크의 대표 약품인 관절염 진통제 바이옥스의 임상 시험을 36개월 동안 관찰한 안전성검토위원회가 연구를 중단할 것을 요청했다고 알려왔다. 첫 18개월 동안에는 바이옥스를 투약한 환자들과 위약을 투약한 환자들 사이에 심장 마비나 발작의 발생에서 별 차이가 없었다. 하지만 바이옥스를 투약한 환자들은 18개월부터 30개월 사이에 심혈관계에 부작용이 크게 발생한다는 예기치 못한 결과가 나왔다.

바이옥스의 장기적 안전성을 살펴보기 위한 연구에서 부작용이 밝혀진 것이다. 예전에도 심혈관계 부작용이 나타날 가능성이 있다는 점이 드러나기는 했다. 하지만 그때마다 머크 과학자들은 바이옥스가 안전하다는 점을 확인시켜 주는 분석 자료를 내놓았다.

길마틴은 그 소식을 듣고 놀라움을 금치 못했다. 그는 머크의 모든 직원과 마찬가지로 바이옥스의 안정성과 약효를 믿어 의심치 않았다. 그의 아내뿐만 아니라 머크 연구소의 전직 소장이자 바이옥스 개발 책임자였던 에드 스콜닉Ed Scolnick도 그 약을 복용하고 있었다.

김 박사는 주말 내내 자료를 분석한 후 월요일 아침이 되자마자 길마틴을 찾아가 3가지 방안을 제시했다. 첫 번째 방안은 보다 정확한 결과를 파악하기 위해 연구를 지속하는 것이었다. 마지막 6개월 동안의 임상 결과를 보고 난 후에 어떻게 할지 결정하자는 방안이었다. 두 번째 방안은 바이옥스의 새로 발견된 위험을 의사와 환자에게 경고하는 블랙박스 라벨의 사용 허가를 미국 식품의약국FDA에 요청하는 방안이다. 이 안을 채택한다면 환자들은 위험성을 인지하지만 계속해서 이 약을 복용할 수는 있었다. 마지막 방안은 바이옥스를 시장에서 철수시키는 것이었다.

길마틴으로선 바이옥스를 철수시킨다는 결정은 쉽지 않은 일이었다. 머크의 바이옥스와 화이자의 셀레브렉스만이 만성 관절염으로 고통받는 수많은 환자들을 위한 유일한 진통제였다. 게다가 이 약으로 머크가 연간 벌어들이는 수익은 25억 달러가 넘었다. 바이옥스를 시장에서 철수시킨다면 이 약으로 벌어들일 수 있는 수익의 포기로 인한 총 손실이 2백억 달러가 넘을 것으로 예상되었다.

김 박사가 전화를 걸어온 지 6일 후인 2004년 9월 30일, 길마틴은 기자 회견을 열어 전 세계 시장에서 바이옥스를 철수시키겠다고 발표했다.[1]

당신이 머크의 CEO라면 어떻게 결정했을까?

당신이 길마틴이라면 어떤 결정을 내렸을까? 과감하게 철수할 수 있었을까? 대부분의 기업이라면 그렇게 결정하지 않았을 것이다. 하지만 '핵심 가치에 따른 우선순위 결정'이라는 원칙은 머크 경영진이 어려운 결정을 내리는 데 분명한 길잡이가 되어주었다.

대부분의 기업들은 핵심 가치를 선언문으로 표현한다. 공유된 신념과 규범은 플래카드나 회사 홈페이지, 소장용 카드에 명시되어 있다. 선언문에는 전형적으로 성실이나 팀워크, 다양성 추구, 지속 성장, 책임감 같은 용어들이 담겨 있다.

그런데 좋은 의도로 만들어진 선언문들은 사실 저조한 성과의 원인이 된다. 왜 그럴까? 그럴 듯하게 보이는 선언문들이 사실은 '핵심'을 간과하고 기업의 근간이 되어야 할 기본 가치를 모호하게 하기 때문이다. 좋은 게 좋은 거라는 식으로는 어떤 전략적 선택도 할 수 없다. 핵심 가치는 어려운 선택을 해야 하는 상황에 직면했을 때 누구의 이익을 우선순위에 두어야 하는지 결정하는 기준이 되어야 한다.

핵심 가치를 정의하는 일은 단연코 '기분 좋은' 일이 아니다. 중차대한 결정이자 어려운 선택이다. 만약 당신이 핵심 가치를 적절하게 정의했다면 다음의 질문에 쉽게 답할 것이다. 핵심 가치에 따르면 주주와 직원, 고객 중 누구의 이익을 우선으로 하는가?

머크가 바이옥스에 대해 내렸던 결정처럼 어려운 결정을 해야 할 때 당신 회사의 임직원들도 어떤 방향으로 가야 하는지 잘 알고 있는가? 주주의 이익이 고객의 요구보다 더 중요한가? 직원들의 고용 보장을 우선시하여 결정을 내리는가? 아니면, 주주들에게 돌아갈 이익이 줄어들더라도 고객을 우선순위에 두는가?

> 핵심 가치에 따르면 주주, 직원, 고객 중 누구의 이익을 우선으로 하는가?

만약 당신 조직이 권한이 더 많이 분산된 조직이라면 더더욱 임직원들이 이러한 선택을 내리는 기준을 잘 알고 있어야 한다. 권한이 위임된 조직은 모든 구성원이 누구를 위해, 어떻게 가치를 창조해야 하는지 독자적으로 결정할 수 있게 허용하기 때문이다.

핵심 가치에 따른 우선순위를 결정하는 일은 핵심 고객을 선택하는 일과는 별개의 문제다. Chapter 1에서 논의했듯이, 핵심 고객의 니즈를 이해하는 것은 조직을 구축하고 자원을 할당하는 방식에 영향을 준다. 반면에 핵심 가치는 선택의 결과가 한 그룹에게는 이익이 되지만 다른 그룹에게는 손해를 끼치는 상황에서 어떤 선택을 내려야 할지에 영향을 끼친다.

핵심 가치를 모호하게 정의하다 보면 전략적으로 우왕좌왕하다 몰락을 자초할 수 있다. 사실 미국 국책 주택담보금융업체인 패니 메이가 겪은 실패의 원인도 핵심 가치에 대한 혼동 때문이었다. 패니 메이는 주주와 고객 가운데 누구의 이익을 우선시했을까? 패니 메이 경영진은 정치인들의 요청에 따라 다른 곳에서 대출을 받지 못하는 사람들에게 대출을 해줌으로써 누구나 자신의 집을 마련하게 해주는 사업에 자원을 집중했다(물론 패니 메이의 핵심 고객이 정치인인지 대출 신청자인지는 논쟁의 여지가 있다).

한 관계자는 그 때를 언급하며 이렇게 인정했다. "그러한 목표에 중점을 두었던 패니 메이는 1990년대 초에 일련의 굵직한 계획들을 내놓았습니다. 모기지 심사 비용을 5년 안에 40퍼센트 줄이기 위한 새로운 시스템 개발 계획, 대출 과정에서 발생하는 차별을 없애기 위한 계획, 이민자나 저소득층처럼 집을 소유할 기회가 차단되었던 천만 가구에 2000년까지 1조 달러를 지원하겠다는 대담한 계획 등을 발표했습니다."[2] 물론 지금의 우리는 패니 메이가 그러한 목표들을 이루기 위해 심사 기준과 제출 서류 기준을 위험한 수준으로까지 낮추었다는 사실을 알고 있다.

이렇듯 패니 메이 경영진은 자원을 주택 구매자에게 할당하는 동시에 주주 가치와 그들의 보수를 극대화하려는 노력도 기울였다. 그들은 이익 수준을 높이려고 위험성이 높은 대출 포트폴리오를 구성하여 유통시장에 팔았다. 이런 식으로 프랭크 레인즈 CEO는 9천만 달러가 넘는 개인 성과급을 챙겼다.[3] 모두가 알다시피 서브프라임 사태로 미국 주택시장이 붕괴되자, 핵심 가치의 우선순위를 혼동한 패니 메이의 어리석은 결정으로 인해 미국 납세자들은 무려 천억 달러의 긴급 구제 비용을 떠안게 되었다.

당신 앞에는 3가지 선택이 놓여 있다

핵심 가치에 따라 우선순위를 둘 때 가능한 선택지는 3가지가 있다. 고객과 직원, 주주가 그것이다. 어려운 선택을 해야 하는 상황에 처했을 때 우선순위를 고객에 두는 기업이 있는가 하면, 직원에 두는 기업도 있고 주주에 두는 기업도 있다. 무엇이 옳고 그르다고 말할 수는 없다. 선택하는 것은 자유이지만, 무엇이든 한 가지를 선택한 후 이를 전사적으로 공유해야 한다.

길마틴은 이런 말을 했다. "바이옥스를 철수시킨 것은 책임감 있는 행동이었습니다. 이런 식의 사고는 머크가 추구하는 원칙들 속에 깊이 스며들어 있죠. 그래서 우리들은 그런 결정을 손쉽게 내릴 수 있었습니다."

길마틴이 언급한 머크의 원칙은 전직 CEO인 조지 머크 George W. Merck 가 1950년에 한 말에서 분명하게 드러난다. "우리는 우리의 의약품이 수익 창출을 위한 것이 아니라 사람을 위한 것이어야 한다는 점을 절대 잊지 않으려고 노력합니다. 수익은 부수적인 것입니다. 우리가 이런 신념을 잊지 않는다면 수익은 반드시 따라옵니다. 우리의 신념을 명심할수록 수익도 그만큼 커지기 마련입니다."[4]

머크 경영진은 '환자가 우선이다 Where patients come first'라는 머크의 오랜 사명과 고객을 우선순위에 두면 장기적인 관점에서 보상이 뒤따른다는 신념에 따라 바이옥스 철수라는 결정을 내렸다.

물론 모든 기업이 고객을 우선순위에 두는 것은 아니다. 잘 알다시피 사우스웨스트 항공 Southwest Airlines 은 서비스 기업들이 대개 그렇듯이 직원을 가장 중요하게 여긴다. 창업자인 허브 켈러허 Herb Kelleher 는 이런 말을 했다. "'직원, 고객, 주주 가운데 누가 가장 중요한가?'라는 질문은 기업 경영에서 난제로 여겨집니다. 그런데 우리는 그것을 난제로 여긴 적이 한 번도 없습니다. 좋은 대접을 받은 직원은 고객을 잘 대접합니다. 그리고 좋은 대접을 받은 고객은 단골이 되어 결국 주주에게 행복을 안겨 주죠."[5] 켈러허는 이러한 생각을 납득시키려고 다음의 문구가 담긴 신문 광고를 내기도 했다. '직원 먼저 Employees first. 고객은 다음 Customers second. 주주는 세 번째 Shareholders third.'

이처럼 직원을 우선시하려면 제대로 된 사람을 채용하는 것이 뒷받침되어야 한다. 사우스웨스트 항공은 하급 직원 한 명을 뽑을 때도 제대로 된 태도를 갖춘 사람을 찾기 위해 30명 이상을 면접한다.[6] 결과적으로 사우스웨스트 항공의 직원 우선주의는 효과를 내는 것 같다. 지난 20년 동안 재무 성과뿐만 아니라 주주 수익 측면에서 업계 선두를 달렸으니 말이다.

HCL 테크놀로지는 31개국에서 10만여 명의 직원을 둔 인도의 IT 아웃소싱 업체다. HCL은 사우스웨스트 항공처럼 '선先 직원, 후後 고객'이라는 철학을 가지고 있다. 비닛 나야르Vineet Nayar CEO는 가치 있는 해결책을 찾는 글로벌 고객들에게는 자율적이면서도 유능한 직원들이 필요하다고 믿었다. 그는 이렇게 설명했다. "선 직원 원칙이란 …… 우선순위를 명확하게 정하고, 직원들의 성장에 투자하며, 그들의 잠재력이 성과로 이어지도록 촉발시키는 것을 말합니다. 서비스 업체이기에 고객과 대면하는 직원이 가장 중요합니다."7

하지만 HCL은 인도의 주입식 교육에 익숙한 직원들이라 한계에 부딪혔다. 그래서 경영진은 직원들을 운영에 적극적으로 동참시키는 야심찬 프로그램을 만들었다. 직원 우선주의 철학을 실현하기 위해 관리자들이 직속 부하에게 다면 평가를 받는 시스템을 만들었고, 직원에게 영향을 끼치는 결정들에 대해 설문 조사를 실시했으며, 직원들이 제시하는 모든 제안에 귀를 기울였다.8

물론 고객이나 직원을 우선순위에 두지 않는 기업도 있다. 이들 기업의 경영진은 주주를 우선시한다. 이들에게는 주주 가치로 대변되는 주가 상승이 가장 중요한 목표다. 미국 대기업 CEO로 구성된 이익 단체인 비즈니스 라운드테이블Business Roundtable은 주주 중시 접근법에 입각하여 다음과 같이 말했다. "기업에게 여러 의무가 있다는 말이 자주 언급됩니다. …… 직원, 지역 사회, 정부 등의 이해관계자들이 그 대상이죠. 하지만 이런 경영진의 의무 가운데 가장 중요한 의무는 장기적으로 주주 가치를 극대화하는 일입니다."[9]

문제는 주주를 우선순위에 두고 운영을 함으로써 장기적으로 성장한 기업을 찾아보기 힘들다는 데 있다. 비평가들은 그 이유로 매일의 주가 변동에 민감할 수밖에 없어 발생하는 단기적인 시각과 목적이 수단을 정당화하는 경영 철학의 위험성 때문이라고 지적한다. 주주 가치의 옹호자였던 잭 웰치Jack Welch도 이제는 주주 가치를 열렬히 반대한다. "주주 가치는 한눈에 봐도 세상에서 가장 어리석은 개념입니다. 주주 가치는 전략이 아니라 결과일 뿐이죠. …… 당신이 중점을 두어야 할 대상은 직원과 고객, 제품입니다."[10]

이런 비판에도 불구하고 주주 가치를 우선시하는 선택이 올바른 상황도 있다. 금융 시장에 참여하는 트레이딩 회사나 자금난에 처한 기업에 투자하는 사모 펀드 기업을 생각해보자. 그런 시장에서 자기 자본을 활용해 거래하는 회사라면 주주 이익을 다른 무엇보다 우선시하는 것이 타당하다.

그런데 리더가 주주를 우선순위에 두겠다고 결정하면 동기 부여 측면에서 문제가 발생할 수 있다. 조직 구성원들에게 고객을 잘 대접해주라거나 업무 역량을 키우는 데 투자하라고 고무시킬 수는 있다. 하지만 다른 사람들을 부자로 만들어주기 위해 열심히 일하라고 부추기는 일은 다른 문제다. 이런 어려움 때문에 주주를 우선시하는 기업은 사기를 북돋우기 위해 우리 사주나 스톡옵션stock option, 주당 순이익EPS 증가와 연동된 보너스 제도 등을 이용한다. 이렇게 하는 이유는 개인적인 이익을 주가 상승과 연계시킴으로써 주주 가치와 관련된 어려운 결정을 내리도록 동기를 부여하기 위해서다. 여기서 어려운 결정이란 구조 조정이나 비용 절감, 경쟁사 인수, 대차대조표상의 자산과 부채 조정 등과 관련된 결정을 말한다.

행크 맥키넬Hank McKinnell은 비즈니스 라운드테이블에서 주주 가치 우선주의에 대해 발표했을 당시 화이자의 CEO이자 이 단체의 회장을 맡고 있었다. 그는 화이자 주가를 끌어올릴 목적으로 워너 램버트Warner-Lambert와 파마시아Pharmacia 같은 경쟁사들을 인수하는 데 수백억 달러의 자본을 지출했다. 시티그룹의 CEO 샌디 웨일Sandy Weill 역시 주주들의 재산 증식을 가장 우선시한 인수 합병 전문가였다.[11] 그는 시티코프Citicorp와 트레블러스Travelers를 합병시켜 시티그룹을 만드는 데 성공했다. 비용 절감이라는 시너지 효과를 창출할 수 있는 이들 두 기업의 합병은 주주 가치를 높이는 일에 전념해온 그가 거둔 가장 주목할 만한 성과였다.

AIG도 주주 가치에 초점을 맞추고 직원들에게 동기를 부여하기 위해 스톡그랜트stock grant 제도를 적극적으로 이용한다. 성과에 따라 무상으로 주식을 지급하는 스톡그랜트는 직원들이 파생 상품의 일종인 신용 부도 스와프처럼 레버리지leverage 효과가 높아 적어도 단기적으로는 수익률이 높은 금융 상품을 만들어내는 자극제가 된다. AIG의 보상위원회는 2005년 분식 회계 파문으로 행크 그린버그가 CEO 자리에서 물러나자 성과급 제도를 강화하며 이렇게 발표했다. "관리자뿐만 아니라 직원들에게도 스톡그랜트를 추가 제공해야 합니다. 위기에 처한 지금 임직원들의 이직을 막고, 주주 가치에 집중하도록 유도하려면 직접적인 보상이 필요하기 때문입니다."[12]

우선순위를 선택하는 결정은 쉬운 일이 아니다

지금까지 고객과 직원, 주주를 우선순위에 두는 기업들을 알아보았다. 이제 당신에게 물어보겠다. 당신 회사의 핵심 가치에 따르면 가장 중요한 대상은 누가 되어야 하는가? 주주인가, 직원인가, 아니면 고객인가? 진지하게 고민도 하지 않고 당연히 고객이라고 피상적으로 대답하지는 말기 바란다. 또한 실제로는 최대주주의 이익을 가장 우선시하면서도 말로만 고객과 직원을 우선시한다고 대답해서도 안 된다.

사실 핵심 가치에 따른 우선순위 결정은 가치 창출과 관련하여 각 기업이 정한 원칙을 토대로 이루어진다. 사실 무엇이 가장 좋은 선택인지 결정할 수 있는 사람은 리더뿐이다. 고객을 최우선에 두는 기업은 고객과의 만족스러운 관계가 기업의 장기적인 성공에 핵심이라고 믿는다. 직원을 최우선에 두는 기업은 열성적이고 충성스러운 직원들이 고객을 만족시키려 최선을 다함으로써 높은 수익을 창출한다고 믿는다. 주주를 가장 중요하게 여기는 기업은 직원들이 영업 이익이나 자산 이용률을 높이고, 보유 자산을 늘려 나감으로써 가치를 창출하는 데 집중해야 한다고 믿는다.

이중 어떤 것이 최선의 선택일까? 만약 당신이 투자한다면 어떤 기업에 투자하고 싶은가? 무조건 고객을 우선순위에 두는 기업에 투자해야 한다고 생각하는가? 단기 이익을 얻으려 투자한다면 현재 실적은 좋지 않지만 주주 가치를 우선시하는 CEO가 새로 취임한 기업을 선택하는 게 현명하다. 물론 장기적인 관점에서 투자를 한다면 고객이나 직원을 우선시하는 CEO를 둔 기업을 선택해야 한다. 우선순위에 따라 경영진이 내리는 결정이 확연히 다르기 때문이다.

핵심 가치는 망망대해에 떠 있는 북극성이다

당신이 우선순위에 둘 대상을 명료하게 선택하고 핵심 가치를 올바로 정의했다면 어려운 선택을 할 때 핵심 가치에 따른 우선순위에 입각하여 어떻게 결정했는지 술술 이야기할 수 있어야 한다. 만약 그런 사례를 찾지 못한다면 이는 당신이 핵심 가치와 우선순위를 제대로 정하지 않고 있었음을 의미한다.

샘 팔미사노Sam Palmisano는 IBM CEO로 있을 때 고객의 문제를 해결하기 위해 세계 각지의 직원들이 서로 협력한 사례나 관리자들이 자기 부서만의 이익을 포기하면서 고객에게 통합적인 해결책을 제시한 사례를 언급하곤 했다. 고객 성공을 우선순위에 두는 IBM의 핵심 가치를 강화하기 위해 이런 사례들을 이용했던 팔미사노는 다음과 같이 말했다. "핵심 가치는 주주와 직원, 고객의 이해관계 사이에 균형을 불어넣습니다. 어떤 경우든 경영자는 결정을 내려야 합니다. 핵심 가치는 경영자의 결정이 즉흥적인 방식이 아니라 기업의 정체성을 보여주는 기업 문화와 브랜드에 일관된 방향으로 내려지도록 해줍니다."[13]

당신이 핵심 가치에 따른 우선순위에 입각해 선택했던 어려운 결정들에는 무엇이 있는가? 누가 우선순위인지 명확하게 정의되어 있는 기업의 경영진이라면 그런 사례를 쉽게 찾을 수 있을 것이다. 존슨앤존슨에서 자주 언급되는 사례가 있다. 바로 1980년대 중반 시카고의 한 판매점에서 오염된 타이레놀이 발견되었을 때 엄청난 손실을 감수하면서 전국의 모든 판매대에서 타이레놀을 회수하고 시장에서 철수하기로 결정했던 일화다. 존슨앤존슨은 이 일화를 통해 고

> 핵심 가치에 따른 우선순위에 입각해 선택했던 어려운 결정들에는 무엇이 있는가?

객을 위해서라면 힘든 결정도 기꺼이 내려야 한다는 점을 직원들에게 각인시키고 있다.

바이옥스를 시장에서 철수한 머크의 결정도 고객을 위해 힘든 결정을 내린 사례다. 머크가 감수해야 할 손실은 2백억 달러가 넘었다. 머크 경영진은 바이옥스가 통증 관리에 중요한 의약품이라는 사실도 잘 알고 있었다. 또한 철수안을 발표하면 머크의 시장 가치가 큰 폭으로 떨어질 거라는 점을 알면서도 결정을 바꾸지 않았다.(실제 몇 시간 만에 2백 5십억 달러나 하락했다.) 환자가 우선이라는 핵심 가치가 있었기에 올바른 선택을 내리는 데 주저하지 않았다. 이 결정으로 단기적으로는 재정 손실을 크게 입었지만 장기적으로는 이득이 되었다. 머크에 대한 사람들의 신뢰도가 높아졌고 투자자들의 수익률도 예전 수준으로 올라갔기 때문이다.

존슨앤존슨과 머크가 내린 결정이 당연하다고 생각하는 사람이 있을지도 모르겠다. 사람의 건강과 목숨이 걸린 문제였으니 말이다. 하지만 화이자의 경영진은 다른 선택을 했다. 그들은 파마시아를 인수하면서 확보한 셀레브렉스가 심혈관계 질환을 일으킬 가능성이 있다는 점을 알았다. 하지만 화이자는 제품에 블랙박스 경고를 붙인 채 계속 생산하기로 결정하고, 셀레브렉스의 효능을 공격적으로 광고하기 시작했다. 화이자의 주주들은 두 가지 측면에서 이득을 보았다. 수십억 달러의 이익을 포기하는 상황을 피했으며, 바이옥스를 살

수 없게 된 머크 고객들을 끌어온 것이다. 당신이라면 어떻게 결정했겠는가? 당연히 고객을 우선해야 하기에 화이자의 선택은 어리석은 결정이라고 생각하는가?

직원을 우선순위에 두는 기업도 있다. 경영자가 이런 선택을 했다면 그것을 제대로 지키는지의 여부는 경기가 안 좋을 때 알 수 있다. 경기 침체기라면 경영자가 직원들의 일자리를 보호하기 위해 낮은 수익을 기꺼이 감수하는지 드러나기 때문이다.

사우스웨스트 항공은 3만 2천 명 직원들에게 무해고 원칙으로 직원 우선주의 철학을 지킨다. 개리 켈리 Gary Kelly CEO는 2009년 경기 침체기에 이런 말을 했다. "우리는 직원들을 해고한 적이 한번도 없습니다. 임금 삭감을 단행한 적도 없죠. 올해 경기가 침체되어 힘든 상황입니다만, 해고나 임금 삭감을 하지 않기 위해 고군분투하고 있습니다."[14] 이러한 철학은 미국 최대 철강업체 뉴코 Nucor에서도 드러난다. 뉴코 대변인은 이런 말을 했다. "우리는 1966년부터 무해고 원칙을 지켜오고 있습니다. 이 원칙은 현재의 힘든 경제 상황에서도 계속 지켜지고 있습니다. 저희 공장을 한번 방문해서 일하는 직원들을 보신다면 그들이 얼마나 생산적이고 열정적으로 일하는지 분명하게 아시게 될 겁니다."[15]

주주를 우선시하는 기업에서 일반적으로 어려운 결정은 재무 성과를 향상시키기 위한 비용 절감이나 인원 삭감과 관련 있다. 가령, 농

기계 제조업체 존 디어John Deere의 경영진은 재고와 미수금이 너무 많고 제품 가치에 상응하는 가격이 책정되지 않았다는 점을 우려했다. 결과적으로 경영 성과 역시 저조했다.

이에 존 디어 경영진은 상황을 타개하고자 경영 성과를 측정하는 기준으로 '주주부가가치shareholder-value-added'를 도입했다. 경영진은 이 평가 기준을 임직원들의 성과급과 연동시켰다. 뒤이어 나타난 결과들은 그리 놀라운 일이 아니었다. 경영진은 실적이 저조한 홈라이트Homelite 전기톱 사업부를 팔아치우고 겉만 번지르르하고 제대로 활용되지 못하는 신설 공장의 문을 닫았다. 또 다른 사업부에선 직원의 20퍼센트를 해고했다. 재고가 대폭 줄었고 외상 매출 기준도 엄격해졌다. 그 결과 재무 성과가 극적으로 향상되었다.[16]

지금까지 어려운 결정을 내렸던 여러 사례들을 살펴보았다. 이처럼 핵심 가치는 결정하기 힘든 상황에서 가야 할 길을 알려주는 북극성이라 할 수 있다. 이제는 당신 차례다. 당신에게 북극성처럼 빛나는 핵심 가치는 무엇인가? 당신은 고객과 직원, 주주 중 누구를 우선순위에 두고 있는가? 당신이 중시하는 핵심 가치를 설명하기 위해 어떤 사례를 들 수 있는가? 조직을 이끄는 리더라면 이런 질문에 명료하게 답할 수 있어야 한다.

우선순위가 아니라고 책임까지 저버려서는 안 된다

고객이나 직원을 우선순위에 두는 일이 잘못된 것이 아니듯이 주주를 우선순위에 두는 일 역시 잘못된 것은 아니다. 우선순위 결정은 단순히 잘못이냐 아니냐의 문제가 아니다. 모든 선택은 가치 창출에 관한 각기 다른 원칙을 근거로 이루어지기 때문이다. 그러므로 고객과 직원, 주주 중 누구를 우선순위에 둘 것인지는 당신의 판단 영역이다. 하지만 만약 당신이 우선순위에서 벗어났다고 다른 이해관계자들에 대한 책임까지 망각한다면 크나 큰 난관에 처할지도 모른다.

앨 던랩Al Dunlap은 주주 가치를 창출하려고 지나치게 공격적인 비용 절감을 시도했던 탓에 '전기톱 앨'이라는 별명까지 얻었다. 던랩은 1년 동안 CEO로 일했던 스콧 페이퍼Scott Paper에서 괄목할 만한 성공을 거두었다. 전체 직원 중 35퍼센트의 직원에 해당하는 1만여 명을 해고했다. 던랩의 과감한 조치로 일주일 만에 주가가 38달러에서 120달러로 뛰었다. 던랩은 이 회사를 60억 달러가 넘는 금액에 킴벌리 클라크Kimberly-Clark에 매각했고 그 과정에서 보너스로 1억 달러를 챙겼다. 이런 성과에 대한 던랩의 자부심은 그의 저서 《기본에 충실한 기업 회생 및 발전 전략Mean Business》에 고스란히 드러나 있다.[17]

던랩은 주주 가치를 높인다는 명목으로 직원들을 해고하고 공장문을 닫은 것에 매우 만족하는 듯 했다. 하지만 그가 품질이나 생산 기술에 투자하지 않기로 결정했을 때 피해를 입는 쪽은 고객이었다. 나중에 선빔Sunbeam의 CEO로 취임해 실행한 무모한 구조조정으로 선빔을 곤란에 빠뜨렸을 때 인정사정없이 해고된 쪽은 던랩이었다.

직원과 조직 공동체의 운명에 영향을 끼치는 이런 권력 남용을 반대하는 사람들이 있다. 그들은 경영자에게는 자신의 결정으로 영향을 받는 모든 이해관계자의 안녕을 증진시켜야 할 의무가 있다고 주장한다. 이러한 견해의 옹호자들은 '기업의 책임'이라는 문구를 '사회적'이라는 단어를 집어넣어 표현하며, 경영자들이 기업 자원의 일부를 사회 전체의 복지를 향상시키는 데 할당해야 한다고 믿는다. 반면에 이에 반대하는 사람들은 기업 자원을 공공복지에 투입하는 일은 기업의 책임이 아니라고 주장한다.

당신이 어느 쪽 견해에 동의하든지 분명한 사실이 있다. 주주와 직원, 고객 가운데 우선순위 대상을 정했다고 해서 우선순위가 아닌 이해관계자들에게 손해를 끼치는 행동을 해도 되는 것은 아니라는 점이다. 셀레브렉스를 계속 판매한다는 화이자의 결정으로 주주들은 이익을 얻었다. 하지만 이 회사는 제품에 블랙박스 경고를 부착하여 환자와 의사에게 셀레브렉스의 효능뿐만 아니라 위험성도

> 당신의 핵심 가치에는 다른 이해관계자에 대한 책임도 내포되어 있는가?

제대로 알렸다.

그러므로 핵심 가치에는 우선순위뿐만 아니라 다른 이해관계자에 대한 책임도 포함되어야 한다. 당신의 핵심 가치에는 다른 이해관계자에 대한 책임도 내포되어 있는가? 이 부분을 명확하게 하려면 임직원들이 함께 맡아야 하는 기업 책임의 '최소한도' 수준이 핵심 가치에 명시되어 있어야 한다.

히포크라테스 선서와 존슨앤존슨 신조

그럼 어떻게 그 책임을 명시해야 할까? 한 가지 방법은 모든 직원에게 의사들이 하는 히포크라테스 선서처럼 '해를 입히지 말라'는 책임을 지우는 것이다. 다시 말해, 직원들에게 다른 이해관계자에게 손실을 입히는 행동을 하면 안 되는 의무가 있다는 것을 인식시켜야 한다.

해를 입히지 말라는 것은 지키기 만만한 수준의 책임으로 보일지 모른다. 하지만 실상은 전혀 그렇지 않다. 공장들은 쓰레기와 배기가스를 내보내고 새로운 시설이 옛 시설을 대체하며 직원들은 감원 여파로 직장을 떠나야 한다. 또한 책임감의 기준은 나라마다 상황따라 다르다. 그렇다 하더라도 해를 입히지 않는다는 명확한 기준을 세워야 한다. 그리고 이를 지키기 위해 모든 임직원이 함께 노력해야 한다.

과거 월마트와 나이키Nike는 실수를 했다. 비난이 쇄도하자 이들은 기업으로서의 기본적인 책임감을 재고하기 시작했다. 나이키는 개발도상국에서 노동 착취를 한다는 비난을 받아왔다. 그러자 나이키는 전 세계 130명의 직원으로 이루어진 팀을 이끌며 CEO에게 직접 보고하는 기업 책임 담당 부사장 자리를 만들었다. 이 부사장의 임무는 최소한의 근로 기준 시행과 건강한 작업 환경 조성 같은 기업의 책임과 관련한 목표들을 운영의 모든 측면에 부여하는 일이다.[18] 월마트 역시 차량 수송의 효율성을 3년 만에 25퍼센트 높이더니 10년 만에 두 배로 높였다. 매장에서 에너지 사용을 30퍼센트 줄이고 고형 폐기물도 25퍼센트 줄였다. 월마트는 '환경 파괴 없는 지속가능 발전sustainability'이라는 목표를 위해 5억 달러를 투자했다.[19]

물론 '해를 입히지 말라'는 기준을 훨씬 넘어서는 수준으로 운영하는 데는 전략적인 이유도 있다. 미국 최대 전력업체 엑셀론Exelon을 생각해보자. 엑셀론의 십여 개에 이르는 원자로는 비교적 저공해 에너지를 생산하도록 설계되어 있다. 하지만 존 로우John Rowe 회장은 2020년까지 매해 1,500만 톤 이상의 온실 가스를 감축한다는 야심찬 전략을 발표했다. 이는 연간 300만 대의 자동차를 도로에서 제거하는 것과 같다.[20] 엑셀론의 요금 체계는 엑셀론에 대한 대중의 호감도와 정치적인 규제 기관의 영향을 많이 받는다. 그러므로 엑셀론으로선 선제적으로 자연 보호를 내세우는 전략이 현명하다. 이는 비단 엑셀론뿐만 아니라 다른 많은 기업들에게도 해당된다.

존슨앤존슨의 신조

핵심 가치의 올바른 정의를 보여주는 가장 좋은 사례는 바로 존슨앤존슨의 신조credo다. 존슨앤존슨은 1943년부터 이 신조를 쓰고 있다. 네 개의 단락으로 구성된 신조에는 임직원들이 책임감을 발휘하고 적절하게 신경을 써야 할 네 개의 그룹이 명시되어 있다.

첫 단락은 이렇게 시작된다. '우리의 첫 번째 책임은 의사, 간호사, 환자와 환자 가족, 그리고 우리의 제품을 사용하는 모든 사람들에 대한 책임이다.' 고객을 가장 높은 우선순위에 둔 이러한 정의에는 존슨앤존슨의 다양한 고객이 포함되어 있다.

첫 단락에 뒤이은 두 단락에는 직원과 지역 사회에 대한 책임의 최소한도 수준이 명시되어 있다. 이 신조의 마지막 단락은 다음과 같다. '우리의 마지막 책임은 주주에 대한 책임이다. 사업을 통해 건전한 이윤을 남길 수 있어야 한다. 우리는 새로운 아이디어들을 시험해봐야 한다. 조사 연구 활동을 해야 하고 혁신 프로그램을 개발해야 하며 실패도 마땅히 감수해야 한다. …… 이러한 원칙에 따라 사업을 운영하여 주주들에게 정당한 수익을 제공할 수 있어야 한다.'

존슨앤존슨의 신조에는 내가 이 장에서 언급한 3가지 중점 사항이 모두 담겨 있다. 이 신조를 보면 첫째, 고객이 제일 우선순위에 있고, 직원과 지역 사회가 그 다음 순위에 있으며, 주주가 마지막 순위에 있음을 알 수 있다. 둘째, 타이레놀 사건 같은 난관에 처했을 때 어떤 결정을 내려야 하는지 길잡이가 제시되어 있다. 셋째, 직원들이 우선순위에서 밀리는 다른 이해관계자들에 대한 책임의 수준이 명시되어 있다.

존슨앤존슨의 신조에는 이 외에도 눈여겨보아야 할 사항이 있다. 바로 장기적인 관점에 초점을 맞추었다는 점이다. 경영진의 책임에는 비단 현재 사람들뿐만 아니라 미래 후손들에게도 해를 끼치지 말아야 한다는 점이 포함되어 있다. '우리는 우리에게 제공된 자원을 올바르게 유지, 관리하면서 환경과 천연자원을 보호해야 한다'는 문구처럼 말이다.

이런 신조의 바탕에는 이해관계자들에 대한 책임감이 담겨 있다. 존슨앤존슨 CEO였던 랄프 라센 Ralph Larsen 은 이런 말을 했다. "이 신조가 중요하지 않다고 생각하거나 이 신조의 가치를 믿지 못하는 사람이라면 오래 남아있지 못할 것입니다. 우리는 그런 사람을 거부합니다. 그 사람은 조만간 회사에 해가 되는 행동을 할 것이기 때문입니다. 결국 존슨앤존슨은 그 사람을 퇴출시킬 겁니다. 사람의 몸이 병원체를 내쫓듯이 말이지요. 우리에게 이 신조는 북극성과 같습니다. 직원들이 모여 행동 방침을 정하려고 할 때 누군가는 이런 말을 할 것입니다. '우리의 신조와 맞추려면 어떻게 해야 할까?'"[21]

오로지 핵심 가치에 따라 행동하라

핵심 가치의 내용을 종이에 써서 간직하거나 판에 새겨 벽에 거는 일은 어렵지 않게 할 수 있다. 하지만 상급자에서 하급자에 이르는 조직의 모든 구성원이 그 원칙에 따라 행동하는 것은 완전히 다른 문제다.

리더인 당신이 어떤 일이 있더라도 핵심 가치를 지키는지 파악하려면 다음 두 가지를 살펴보면 된다. 첫째, 당신이 지금까지 어떤 어려운 결정들을 내렸는지 살펴보면 된다. 예를 들어 건강에 해로울 가능성이 있지만 잘 팔리는 약을 시장에서 철수할지의 여부, 극심한 경기 침체기에 직원 수를 그대로 유지할지의 여부, 주주의 이익을 위해 실적이 저조한 부서를 매각할지의 여부를 어떻게 결정했는지 살펴보는 것이다.

둘째, 당신이 승진과 보상과 관련해 내리는 결정을 보면 핵심 가치가 실현되고 있는지 알 수 있다. 만일 당신이 입으로는 구구절절 옳은 말을 하고 고무적인 가치관을 공표하면서 핵심 가치에 맞지 않는 행동을 한 직원을 승진시키고 상여금을 준다면 여기저기서 냉소가 쏟아질 것이다. 사실 리더가 어떤 사람들을 승진시키는지 보면 그가 실제로 따르는 가치관이 무엇인지 분명하게 드러난다.

이렇듯 핵심 가치를 준수하는 행동은 리더뿐만 아니라 모든 임직원들도 반드시 지켜야 한다. 그런데 문제는 일반 직원들이 회사의 핵심 가치를 지키는지 파악하기가 훨씬 어렵다는 점이다. 직원들에게 핵심 가치가 적힌 카드를 나눠줬다고 해서 직원들이 이를 지켜 행동하리라는 보장이 없다.

모든 직원들이 핵심 가치를 따르며 행동하고 있는가?

이를 알기 위해 전문가로 하여금 구성원들이 조직의 핵심 가치 가운데 어떤 것을 알고 있으며 어떤 것을 행동하고 있는지 조사해 볼 필요가 있다. 이는 유용한 방법이며 충분히 가치 있는 작업이다.

때론 당신 앞에 그 해답이 보일 때도 있다. 존슨앤존슨의 건물 안을 돌아다니다 보면 얼마 못 가 벽에 게시된 신조를 발견한다. 관리자들은 신조에 대해 공공연하게 말하며 어려운 결정을 내리는 데 기준으로 삼는다. 최근 나는 경영인들을 대상으로 한 수업을 진행하면서 시각화의 중요성을 이해했다. 당시 우리는 존슨앤존슨의 신조에 대해 토론하고 있었는데, 방위산업체의 한 고위 임원이 손을 들더니 이런 이야기를 해주었다.

"저는 존슨앤존슨의 신조에 대해 들어봤지만 그것을 직접 보지는 못했어요. 그래서 존슨앤존슨 제품 상자 뒷면에 쓰여진 소비자 상담실 전화번호를 찾았어요. 그 번호로 전화를 걸어 상담 여직원에게

"존슨앤존슨의 신조가 적힌 사본을 하나 얻으려면 어디로 전화해야 합니까?"라고 물었어요. 그러자 그 직원은 "팩스 있으세요?"라고 하더군요. 전 있다고 하고서 번호를 남겼어요. 그러자 1분도 안 되어 존슨앤존슨의 신조가 적힌 사본이 팩스기에서 나오더라고요."

나는 이 장에서 올바른 전략 실행을 위한 두 번째 요소를 소개했다. 전 장에서와 마찬가지로 어려운 선택이 필요하다는 점을 상기시키기 위해 '핵심'이라는 말을 사용했다.

어느 기업이든 핵심 가치란 어려운 결정을 내리거나 만만치 않은 거래를 성사시켜야 할 때 누구를 가장 우선순위에 두어야 하는지와 관련이 있다. 핵심 가치가 길잡이 역할을 제대로 하고 있다면 당신은 그것이 자신의 결정에 영향을 준 사례들을 쉽게 나열할 수 있을 것이다. 하지만 그런 사례를 쉽게 떠올리지 못한다면 당신의 핵심 가치가 역할을 제대로 하고 있지 못하다는 의미다.

지금까지 전략 실행의 기본 토대가 되는 두 가지 요소에 대해 설명하였다. 무엇보다도 먼저 핵심 고객을 정의한 후 그에 따라 자원을 할당해야 한다. 그리고 핵심 가치에 따라 누구를 우선순위에 두는지 명시하고 모든 직원이 어려운 결정을 내릴 때 이를 명료하게 인지하고 있어야 한다.

 자, 그럼 이제 전략을 올바르게 실행할 기반은 갖추었다. 다음 장으로 넘어가 이런 기본 토대를 바탕으로 조직의 모든 구성원이 전략적 의제에 초점을 맞추는 방법을 살펴보기로 하자.

> 훌륭한 기업의 경영자는
> 매일 타이어를 발로 차보며
> 차를 점검하는 태도로 임하는 사람들입니다.
> 그런데 우리는 타이어를 발로 찰 생각은
> 고사하고 그것이 어디에 있는지도
> 모르고 있었습니다.
>
> – 폴라 레이놀즈, AIG 부회장

CHAPTER 3

평가에 반영되는 주요 성과 변수는 무엇인가?

리사 존슨Lisa Johnson은 어려운 결정을 내려야 하는 상황에 처했다. 시티은행Citibank의 로스앤젤레스 지역 책임자인 그녀는 제임스 맥개런James McGaran의 연말 평가와 보너스 지급 수준을 결정해야 했다. 맥개런은 로스앤젤레스에서 가장 중요한 지점의 관리자였다. 금융가에 위치한 그 지점은 뱅크 오브 아메리카Bank of America, 웰스 파고Wells Fargo 등과 치열한 경쟁을 벌이고 있었다.

맥개런은 목표치를 무려 20퍼센트나 넘긴 탁월한 재무 실적을 보였다. 그는 모든 지점 가운데 가장 높은 매출과 이익률을 달성했다.

그런데 한 가지 문제가 있었다. 시티은행은 높은 수준의 고객 서비스를 제공하는 관계형 금융relationship banking으로 차별화를 시도하고 있었다. 시티은행은 전 직원이 이 전략에 초점을 맞추게 하기 위해 새로운 균형성과표balanced scorecard 평가 제도를 도입했다. 성과를 측정하기 위해 전통적인 재무 지표 외에 5가지의 새로운 지표를 추가한 것이다. 추가된 성과 변수는 전략 실행, 고객 만족, 통제, 사람, 표준이었는데 이 가운데 가장 중요한 변수가 바로 고객 만족이었다. 당시 시티은행장이었던 프리츠 레이거Frits Reiger는 고객 만족도야말로 장기적인 성공을 나타내는 핵심 지표라고 여겼다.

그런데 새로운 평가 제도에 따른 맥개런의 점수에 문제가 있었다. 다른 지표 점수들은 뛰어났지만, 고객 만족 점수가 평균 이하로 나온 것이다. 물론 고려해야 할 요소들은 있었다. 맥개런은 가장 규모가 크고 가장 운영이 까다로운 지점의 관리자였다. 그는 까다로운 고객들을 상대해야 했고 치열한 경쟁에 직면해야 했다. 또한 현금 자동 입출금이나 온라인 뱅킹 같은 중앙집중식 서비스는 관리하지 않았다. 맥개런 자신은 이런 제약들 속에서도 고객 만족도를 향상시키기 위해 최선을 다했다고 믿었다. 그러면서 재무 실적이 모든 것을 말해준다고 주장했다.

존슨이 고심할 수밖에 없었던 이유는 맥개런의 보너스는 공식적으로 새로운 성과표에 따른 평가 결과와 직결되어야 한다는 데 있었다. 높은 수준의 보너스를 받으려면 모든 지표 점수가 평균 이상이어야 했다. 존슨이 그에게 고객 만족도 점수를 평균 이하로 준다면 그의 보너스는 엄청나게 삭감될 터였다. 전년도에는 보너스를 전액 받았던 맥개런으로선 분명 자존심에 상처를 입고 경쟁 업체로 이직하는 것을 적극적으로 고려할지도 몰랐다. 하지만 시티은행은 새로운 성과표 특히, 고객 만족 지표를 전략상 아주 중요하게 여겼다. 다른 지점의 관리자들은 그 상황을 예의 주시하고 있었다. 맥개런에게만 예외가 인정된다면 새로운 평가 시스템의 가치가 손상될 수 있었다. 하지만 새로운 평가 시스템이 맥개런의 공헌도를 제대로 측정하지 못한다면 유능한 인재 한 명이 회사를 그만둘 가능성이 컸다.[1] 만약 당신이 존슨이라면 어떤 결정을 내리고 싶은가?

당신이라면 이 딜레마를 어떻게 해결하겠는가?

이런 딜레마는 목표 설정과 임무 부여, 성과 모니터링의 영향력과 함정을 모두 상기시켜 준다. 수익이라는 지표로만 보면 맥개런은 탁월한 성과를 보였다. 수익 증가만이 궁극적인 평가 지표라고 생각하는 사람들이라면 분명 맥개런은 보너스를 받을 가치가 있다.

하지만 수익 같은 재무 지표만을 성공의 척도로 삼는 것은 한계가 있다. Chapter 1에서 나는 팔리지 않은 채 딜러 창고에 재고로 쌓여 있는 GM 자동차가 백만 대가 넘었다는 점을 언급했다. 소비자의 선호도를 무시한 것이 문제의 원인이었지만 GM의 매출 인식 원칙에 따르면 별 문제가 없어 생산은 지속되었다. GM은 차가 최종 소비자에게 팔릴 때가 아니라 공장에서 출고될 때 매출로 기록했다. 결국 소비자가 구입을 원하지 않는 차를 계속 만들어도 회계상 아무 문제가 없었다.

사실 시티은행과 마찬가지로 많은 기업들이 성과를 측정하는 데 너무 많은 평가 변수를 채택한다. 이런 방법을 모두가 반기는 것은 아니다. 관리자들은 관리해야 할 변수와 지표가 너무 많아 부담도 크고 혼란스럽다고 불평한다. 셋째 실행 과제인 성과 목표 관리는 조직이 전략적으로 성공을 거두게 하는 원동력이지만, 평가가 올바르게 되지 않으면 조직 전체가 잘못된 방향으로 나아가기 쉽다.

그런 점에서 기업에서 사용하는 성과 측정 지표들이 전략을 실행하는 데 도움이 되는지 아니면 방해가 되는지 확인하는 질문들을 이 장에서 검토하고자 한다. 이를 통해 어떤 성과 측정 지표들이 모든 조직 구성원이 전략적 의제에 집중하게 만드는지 알아볼 생각이다. 당신은 어떤 주요 성과 변수에 초점을 맞추고 있는가? (여기서 '주요'라는 용어에 주목해주기 바란다) 이 질문으로 시작해 보도록 하겠다.

> 당신은 어떤 주요 성과 변수에 초점을 맞추고 있는가?

내가 시티은행 사례로 경영자들과 수업을 할 때 열띤 논쟁이 일었다. 그들 중 절반은 존슨이 성과표의 원칙과 낮은 고객 만족 점수를 무시하고 맥개런의 평가 결과를 상향시킴으로써 그에게 보너스를 전액 지급해야 한다고 주장했다. 그들은 성과 평가 시스템이 새로 도입된 터라 신뢰성이 떨어지고, 통제 불가능한 요소가 너무 많으며, 표본 크기가 너무 작아 문제라고 강조했다. 그러면서 최고의 성과를 낸 맥개런을 그대로 인정해주어야 한다고 말했다.

반면에 이에 반대하는 이들의 주장도 완고했다. 그들은 전략적으로 선정한 고객 만족의 중요성이 강조된 시스템을 지켜야 한다고 말했다. 그들은 맥개런이 그에 상응한 평가 점수를 받고 보너스도 그에 따라 삭감되어야 한다고 생각했다. 그들에겐 시스템의 완전성이 개인의 감정보다 훨씬 중요했다.

수업 참가자들은 맥개런이 제대로 인정받지 못해 회사를 떠날 가능성에 대해 논쟁을 벌일 때 한층 더 열띤 태도를 보였다. 시티은행이 조직 구성원들에게 새로운 성과 시스템의 중요성을 인지시키기 위해 맥개런을 기꺼이 내보내야 한다는 극단적인 생각을 하는 이들도 있었다.

결론 없는 논쟁이 이어지는 와중에 내가 다음과 같은 질문을 하며 끼어들었다. "시티은행 성과표에 있는 지표들이 얼마나 올바른 변수들이라고 생각하십니까?" 이 질문은 다시 말해 다음과 같다. 전략 실행, 고객 만족, 통제, 사람, 표준이라는 성과표에 있는 5가지 지표들이 매출 성장과 수익을 창출하는 진정한 요인일까? 수업 참가자들은 내 질문의 답을 알지 못한다는 점을 깨닫자 논쟁을 그만두었다.

성과 평가 시스템이 유용한지 평가하려면 무엇보다도 먼저 올바른 평가 변수를 채택했는지 판단해야 한다. 그러지 않으면 당신은 잘못된 지표를 가지고 중요한 결정을 내릴 가능성이 있다.

그럼 어떻게 이를 검증해야 할까? 방법이 한 가지 있다. 먼저 당신은 어떻게 가치가 창출된다고 믿는지 설명해보는 것이다. 그런 과정을 거쳐야 성공에 영향을 미치는 주요 변수와 측정 지표를 결정할 수 있기 때문이다.

평가 지표들이 나열된 목록은 의미가 없다

시티은행이 그렇게 한 것처럼 당신도 자신의 전략과 그다지 관련이 없는 수많은 성과 지표에 집중한다고 생각해보자. 그렇다면 당신은 조직 구성원들에게 성과 측정 지표들이 마구잡이로 모여 있는 목록을 제공하는 셈이다. 리더나 조직 구성원들은 그것이 올바른 성과 변수인지 어떻게 확신할 수 있을까? 이런 불확실성을 없애는 유일한 방법은 리더가 자신의 가치 창출 이론을 설명해주면 된다. 이를 통해 모든 조직 구성원들은 다양한 변수들이 서로 어떻게 들어맞는지 이해하게 된다.

표 2는 양질의 서비스 전략을 추구하는 일반 은행의 가치 창출 이론이 어떻게 적용될 수 있는지 보여주는 가상의 사례이다. 왼쪽에서 오른쪽으로 읽는 이 도표는 다양한 인풋input과 프로세스process, 아웃풋output 사이의 관계를 나타낸다. 이 도표는 고객과의 만족스러운 관계를 형성하고, 궁극적으로는 시장 점유율과 재무 성과를 높이는데 도움이 되는 변수들을 보여주고 있다.

| 표 2 | 일반 소매은행의 성과 동인

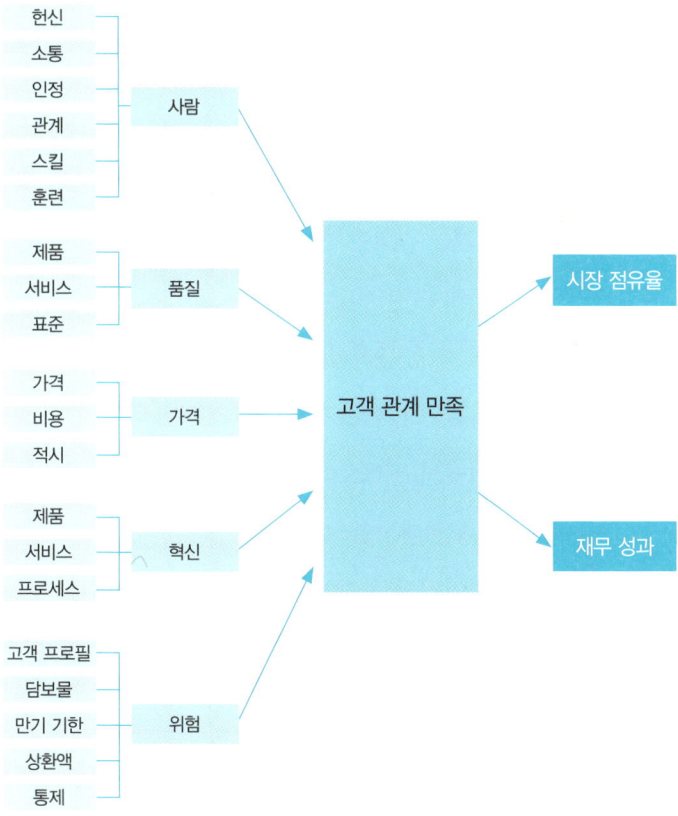

 일련의 성과 측정 지표들을 가치 창출 이론으로 바꿀 수 있다면 리더가 현재 적용하는 성과 변수들을 선택한 이유를 모든 직원이 이해하게 된다. 조직 구성원들은 질문을 하고 가정을 시험해 보면서 리더가 어떤 변수를 선택하고 어떤 변수를 선택하지 않은 이유를 이해

할 수 있다.

이 가상의 도표는 시티은행에서 고객 만족의 중요성을 평가하는 틀이 되기도 한다. 이 도표를 보면 왜 고객 만족이라는 지표가 은행 지점장에게 중요한지 이해할 수 있다. 하지만 다음과 같은 의문이 들 수도 있다. 도표에서 누락된 지표는 없나? 부정확하게 명시된 지표는 없나? 연결 관계는 정확한가?

사실 가치 창출에 대한 경영자의 이론은 그렇게 복잡할 필요가 없다. 오히려 간단할수록 공유하기가 더 쉽다. 일례로 메리어트 인터내셔널Marriott International의 CEO 빌 메리어트Bill Marriott의 이론은 2,500개 호텔의 직원들 사이에서 제대로 인식되고 있다. '직원들을 잘 대접하면 그들이 고객을 잘 대접할 것이고 그 고객은 호텔을 다시 찾을 것이다. 기본적으로 이것이 우리의 핵심 가치다.'[2]

메리어트의 가치 창출 이론은 그동안 수없이 강조되었기 때문에 경영진이 4가지 주요 성과 측정 지표에 초점을 두는 이유를 모든 직원이 이해한다. 여기서 4가지 지표란 직원 만족, 고객 만족, 매출, 가용 객실당 매출RevPAR, revenue per available room이다. 메리어트 호텔은 목표를 설정하고 관리자들을 평가하는 데 이 지표들을 이용한다. 이 지표들을 중심으로 집중 평가하여 그 결과를 보너스나 승진과 연결시킨다. 이 과정에서 불확실성은 존재하지 않는다. 모든 직원은 자신이 책임져야 할 업무를 확실히 인지하고 그에 따라 행동한다.

당신의 가치 창출 이론은 무엇인가? 당신은 그것을 간단한 문장 몇 개로 말할 수 있는가? 아니면 말로는 부족해 좀 더 복잡한 도표가 필요한가? 리더라면 어떤 형태로든지 자신의 가치 창출 전략을 명료하게 정의할 수 있어야 한다. 그래야 모든 조직 구성원들이 가치 창출에 중요한 변수들을 이해하고 거기에 초점을 맞출 수 있기 때문이다.

> 당신의 가치 창출 이론은 무엇인가?

성과 평가 시스템은 단순해야 한다

앞서 나온 일반 은행의 도표처럼 리더의 가치 창출 이론이 조금이라도 복잡하다면 조직 구성원들은 정말 중요한 변수를 파악하는 데 어려움을 겪을 수밖에 없다. 만약 당신이 이런 상황에 처했다면 보다 단호한 선택을 내려야 한다.

앞의 표에 나온 성과 동인을 다시 한 번 살펴보자. 이 표에는 28개의 변수가 있다. 여기서 정말 중요한 것은 무엇일까? '인정'이 '위험' 만큼 중요할까? '비용'과 '소통' 가운데 무엇이 더 중요할까?

여러분 중에는 30개, 40개, 50개, 심지어 60개 평가 지표가 들어간 성과표를 본 적이 있을 것이다. 이런 성과표는 평가 지표를 더 많이 투입할수록 보다 완벽하고 더 나은 성과표가 만들어진다는 잘못된 믿음에서 만들어졌다. IT 기술의 발전 덕에 갈수록 더 적은 비용으로 더 많은 데이터를 측정할 수 있게 된 건 사실이다. 그렇더라도 평가 지표를 많이 추가해서는 안 된다. 그럼 평가 지표를 많이 추가하는 것이 바람직하지 않은 이유는 무엇일까?

여기에는 간단하지만 대개 간과하는 이유가 있다. 바로 조직 구성원들의 관심이 한정된 자원이라는 사실이다. 성과표에 더 많은 평가 지표를 추가할수록 기회비용이 발생한다. 직원들이 정말 중요한 지표에 집중할 시간이 줄어든다는 의미다. 너무나도 많은 비본질적인 지표들 속에서 정말 중요한 지표들이 묻혀버릴 수 있다.

어떻게 이런 일이 발생하는지 파악하기란 어렵지 않다. 많은 기업의 리더들은 직원들이 하는 일이 다 가치 있다는 점을 드러내려고 포괄적인 태도를 보인다. 그래서 아무도 배제되었다고 느끼지 않게 하려고 모든 역할과 기능을 평가 지표와 변수에 충실히 포함시킨다. 하지만 이렇게 함으로써 '추가하면 좋은 것'과 '중요한 것'을 혼동한다. 그 결과 관심이 분산되고 초점을 잃어버리게 되어 제대로 된 성과를 내지 못하는 결과로 귀착된다.

성과 측정 지표는 무조건 단순화시켜야 한다. 단순한 게 좋은 것이다. 하니웰의 CEO였던 래리 보시디Larry Bossidy는 이렇게 일깨워주었다. "'나에겐 우선순위가 10가지 있다'라고 말하는 리더는 자신의 말에 담긴 의미를 모르며 가장 중요한 것이 무엇인지도 모릅니다.

……경영을 잘하는 리더는 모두가 이해할 수 있는 명확한 우선순위 몇 가지에 초점을 맞춥니다. 명확하고 현실적인 목표와 우선순위 몇 가지가 기업의 전반적인 성과에 영향을 줍니다.[3] …… 대체로 나는 해마다 시기적 특성에 따라 핵심 지표 3가지에만 집중합니다. 물론 항상 똑같은 지표를 선택할 필요는 없습니다."[4]

여기에 덧붙여 고려해야 할 사항이 하나 더 있다. 성과표에 많은 변수와 평가 지표를 넣을수록 혁신은 어려워진다는 사실이다. 과거 맥도날드는 프랜차이즈 확장과 음식 표준화를 가장 중요하게 여겼다. 당시 현장 컨설턴트들은 분기별로 각 매장을 방문하여 정해진 운영 기준을 잘 따르는지 평가했다. 그들은 500가지가 넘는 기준에 따라 분석하여 25페이지에 달하는 보고서를 작성했다. 이런 운영 기준으로 인한 제약 때문에 매장 관리자들에게는 운영 방식에 대한 자유가 없었다. 그래서 혁신을 하거나 고객 선호도 변화에 대응할 기회가 없었다. 수많은 평가 지표로 말미암은 결과는 표준화된 평범함이었다.[5]

사실 성과표에 너무 많은 지표가 들어가면 이와 유사한 문제가 발생하기 마련이다. 지표가 너무 많으면 일을 해야 하는 방식이 규정되면서 자율권이 줄어든다. 직원들은 자유가 제한된 상태에서 일할 수밖에 없다. '추가하면 좋은 것'에 불과한 지표들이 너무 많으면 직원들은 큰 부담감과 좌절감을 느끼기 쉽다.

그러므로 성과표를 단순화시키는 작업을 당장 시작해야 한다. 그런데 문제는 단순화가 필요하다는 것은 알지만 어떻게 해야 할지 방법을 모른다는 데 있다. 이런 고민을 하는 리더들을 위해 어떤 지표를 유지하고 어떤 지표를 버려야 하는지 판단하는 데 도움이 될 방법을 제시하고자 한다.

전략이 실패한 상황을 상상해보라

5년 후 당신의 모습을 그려보자. 성공한 모습이 아니라 실패한 모습을 상상해 보는 거다. 당신의 전략이 실패한 상황을 그려본다. 당신 회사의 제품은 가격 경쟁력을 잃었고 경쟁사가 앞질러 가며 최고의 고객들이 떠났다. 이렇듯 당신의 전략이 실패한 상황을 상상해 보라. 무엇이 잘못된 걸까? 무엇이 그러한 실패를 야기했을까?

이런 상상은 유쾌한 일은 아니지만 전략에 아주 중요한 성과 변수를 정의하는 데 필요한 과정이다. 실패를 상상함으로써 역으로 되짚어 핵심적인 성과 변수를 파악할 수 있기 때문이다.

실패에 초점을 두고 상상하는 일이 극단적으로 보일지 모르겠다. 하지만 워런 버핏 Warren Buffett도 이런 방법을 잘 쓴다. 그는 이렇게 조언했다. "항상 거꾸로 생각해야 합니다. 상황이나 문제를 뒤집어서 볼 줄 알아야 하죠. 역으로 생각해서 …… '우리의 모든 계획이 잘못된다면 어떻게 될까? 우리가 도달하기 싫은 지점은 어디이며, 어떻게 했을 때 그 지점에 이르게 될까?' 이런 과정을 통해 어떻게 하면 실패하는지 목록을 만들어봐야 합니다."[6]

무엇이 당신의 전략을 실패로 귀결되게 할 수 있을까? 새로운 기술이 효과가 없기 때문인가? 저렴한 부품을 공급받지 못해서인가? 품질 때문인가? 공무원들과의 관계가 문제인가? 인재를 확보하지 못하기 때문인가?

리더라면 어떤 전략을 선택했더라도 성공하는데 가장 중요한 3가지를 나열할 수 있어야 한다. 물론 이 3가지를 충족시키지 못하면 실패의 나락으로 빠질 가능성이 높을 것이다. 그럼 잠시 당신의 전략이 실패한 상황을 상상해본 뒤, 당신이 생각하는 3가지 핵심 요소를 써보기 바란다.

> 당신의 전략을 실패하게 만들 수 있는 요인은 무엇인가?

1. _____
2. _____
3. _____

이렇게 도출한 요소들은 평가 과정에서 가장 우선순위에 올라야 한다. 그런데 실제로는 그렇지 않은 경우가 많다. 그렇게 된 데는 이들이 비교적 덜 중요한 수많은 지표 목록에 묻혀 있기 때문일 가능성이 높다.

이렇게 짚어가는 과정에서 의문이 생길 수 있다. 예를 들어 관계형 금융에 초점을 맞춘 시티은행의 전략이 실패로 돌아갔다고 가정을 한다면 이 실패는 고객 만족도보다 고객 충성도와 관련이 더 깊을지도 모른다는 생각이 들 수 있다. 사실 일상적인 은행 업무를 보러 찾아온 고객을 만족시키는 일보다 목표로 삼은 핵심 고객들과 장기적인 관계를 구축하는 일이 전략적으로 더 중요하다.

아무리 거대기업이고 글로벌 사업을 운영한다 하더라도 어떤 조직이든 전략을 성공적으로 실행하는 데 정말 중요한 지표들은 사실 몇 개 되지 않는다. 아마존은 전략 실패를 초래하는 가장 큰 요인이 고객이 느끼는 불편함이라고 규정했다. 그래서 아마존 경영진은 고객이 가능한 쉽게 구매할 수 있는 환경을 만드는 데 집중하여 클릭당 매출과 페이지 전환당 매출에 초점을 맞추고 있다.[7] 시티은행은 시장 점유율, 표적 고객 매출과 함께 고객 만족도(혹은 고객 충성도)를, 메리어트 호텔은 직원 만족과 손님 만족, 매출, 가용 객실당 매출을 주요 평가 지표로 정했다.

그런데 당신이 주요 성과 변수를 판단했다고 끝나는 게 아니다. 주요 성과 변수에 따라 자신에게 맞는 평가 지표를 선택하는 데에도 명석한 판단력이 필요하다. 일례로 노드스트롬 백화점을 살펴보자. 노드스트롬의 수준 높은 서비스와 고가 전략의 성공 여부는 부자 고객들의 지속적인 충성심에 달려있다. 그런데 놀랍게도 이 백화점은 고객 충성도를 직접 측정하지 않는 대신 직원들의 시간당 매출액을 측정한다고 한다. 이런 평가 지표의 선택이 이상하게 보일지도 모른다. 하지만 이는 백화점 업계에서 전략을 성공적으로 실행하는 데 무엇이 필요한지 명확하게 파악한 후에 내린 선택이다.

노드스트롬 경영진은 고객의 충성심을 얻는데 유능한 판매 직원을 고용하고 유지하는 일이 자신들의 전략 실행에 가장 중요한 요소라고 믿는다. 그들은 뛰어난 판매 직원들은 고객을 자산으로 여긴다는 점을 경험으로 알게 되었다. 이런 직원들은 고객의 신체 치수와 스타일 선호도를 기록한 뒤, 신상품이 매장에 입고되면 고객에게 전화를 건다. 고객이 편하게 구매할 수 있도록 직접 배달도 해준다. 이렇듯 유능한 판매 직원들은 고객 서비스에 전념함으로써 고객 충성도와 재구매율, 시간당 매출액에서 높은 성과를 낸다. 반면 이런 수준의 서비스를 제공할 열정과 목표가 없는 직원들은 시간당 매출액이 저조할 수밖에 없어 결국 회사를 떠나버린다.[8]

당신도 스스로에게 자문하기 바란다. 당신 회사의 성과 평가 시스템은 전략 실행과 직결되는 주요 지표 몇 가지에 초점이 맞추어져 있는지, 아니면 '추가하면 좋은 것'들이 너무 많아 복잡하기만 한지 말이다.

마법의 숫자 7을 기억하라

그렇다면 몇 개 정도의 평가 지표를 활용해야 할까? 간결하게 2, 3개만 관리하는 게 나을까, 아니면 주요 업무들을 모두 평가하는게 나을까? 경영자나 관리자들은 직원들에게 얼마나 많은 평가 지표를 적용해야 할지 고민한다. 이를 쉽게 해결할 방법을 제시하면 일곱 개에서 두 개를 더하거나 뺀 정도로 생각하면 된다.[9]

이렇게 하는 논리는 단순하다. 바로 사람들이 기억할 수 있는 가지 수가 일곱 개(최대 아홉 개)라는 점이다. 임직원들이 주요 평가 지표들을 쉽게 기억한다면 이 지표들은 그들이 결정해야 할 선택에 영향을 줄 것이다. 이것을 시험해보기는 쉽다. 당신이 부하 직원에게 관리해야 할 평가 지표가 무엇인지 한 번 물어보라. 만일 그의 성과표에 15개나 25개, 40개의 평가 지표가 있다면 그는 일일이 기억하지 못할 것이다. 물론 그 지표들은 그가 매일 업무를 수행하는 데 별다른 영향을 끼치지 못할 것이다. 만약 평가 지표가 일곱 개 내외라면 그는 이들을 쉽게 기억해 일상 업무에서도 평가를 잘 받을 수 있도록 행동할 것이다.

그렇다면 이보다 더 낮은 개수는 어떨까? 다섯 개 미만은 어떨까? 이것도 바람직하지는 않다. 지표가 너무 적으면 창의력을 자극할 다양성을 상실하게 되기 때문이다. 적어도 다섯 개(바람직하게는 일곱 개) 평가 지표가 있을 때 다양한 시각과 균형감이 유지되면서 새로운 아이디어와 문제에 대한 새로운 접근 방식이 촉진된다(이 부분은 chapter 5에서 자세히 다루고자 한다).

이런 개념은 얼마나 보편적으로 적용될까? 우리의 삶에서 일곱 개로 구성된 것을 생각해보자. 7일로 이루어진 한 주, 7음 음계, 일곱 색깔 무지개, 세계 7대 불가사의, 7대 죄악, 성공하는 사람들의 7가지 습관도 있다. 백설 공주와 일곱 난쟁이는 말할 것도 없다. 전화번호 숫자 개수도 지역 번호를 제외하면 기억하기 쉽게 일곱 개 내외다. 물론 이젠 지역 번호를 포함한 전체 번호를 외우기보다는 휴대폰에 그냥 저장하지만 말이다. 이 책에서 주장하는 전략 질문 역시 그런 연유에서 7개로 제시되었다. 7개의 전략 질문이라면 당신과 당신 조직 구성원들이 쉽게 기억해 현업에서 이 질문들을 수시로 던짐으로써 전략을 효율적으로 실행할 수 있기 때문이다.

재무 지표는 언제나 중요하다

제대로 된 전략적 변수들과 그것들을 평가할 지표들을 정의했다면 이제 제대로 된 재무 지표들을 만나볼 차례다. 영향력이 큰 전략적 변수에만 치중하다 보면 본질적인 것을 무시하기 쉽기 때문이다.

일반적으로 평가해야 할 재무적 변수들은 표 3에서 보듯이 서로

맞물리는 세 개의 수익 창출 바퀴로 표시된다.[10]

|표3| **수익 창출 바퀴**

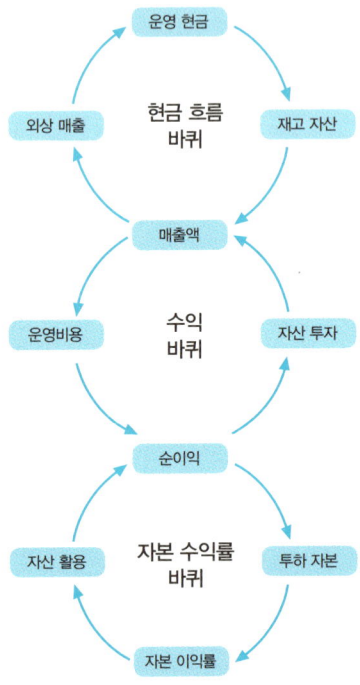

출처: 로버트 L. 시몬스의 '수익 계획 분석도Templates for Profit Planning'

가운데 바퀴부터 살펴보자. 대부분의 기업에서 관리자들은 매출액과 운영비용, 순이익, 자산 투자에 대해 책임을 지고 있다. 그런데 이는 가장 기본적인 지표일 뿐이다. 운전 자본working capital을 효율적으로 관리하기 위해 전략 실행을 위한 재무 지표를 추가할 수 있다. 사실 좋은 성과를 내는 기업들은 표 3의 맨 위 바퀴에 나온 현금 흐름 지표들도 관리한다. 바로 외상 매출과 운영 현금, 재고 자산이다. 그리고 최고의 성과를 내는 기업들은 이에 더하여 투하 자본과 자본 이익률, 자산 활용 등 아래쪽 바퀴에 나온 투하 자본 수익률$_{ROCE}$ 지표들도 관리한다. 이렇게 기업의 모든 자산을 효율적으로 관리함으로써 재무 성과를 극대화시킬 수 있다.

우량 기업들은 여전히 이런 재무 지표들이 성공에 중요한 요소라고 인식한다. 아무리 전략적인 지표들이 중요하더라도 역시 기본은 재무 지표이기 때문이다. 혁신적인 제품 디자인과 업계를 선도하는 기술로 유명한 기업, 애플을 살펴보자. 재무 지표에는 관심이 없을 것처럼 보이는 애플도 재고 회전율과 현금 흐름 관리, 대차 대조표 상의 자산 계정을 중요하게 여긴다. 애플의 CEO 팀 쿡$_{Tim\ Cook}$은 자연적으로 상품 가치가 매주 2퍼센트씩 감소하는 업계에서 재고는 '기본적으로 악이다'라고 언급했다. 애플 경영진은 재고 자산 회전일수를 몇 개월에서 며칠로 줄였다. 팀 쿡은 이렇게 설명했다. "우리는 재고를 다이어리 업계처럼 관리해야 합니다. 유효 기간이 지나면 애물단지가 되어버리기 때문입니다."[11]

이를 다른 측면에서 보면 재무 관리가 제대로 되지 않는 기업은 곧바로 의심해야 한다는 의미다. 언제나 그렇듯이 탄탄한 재무 시스템은 훌륭한 경영의 전제 조건이다.

행크 그린버그는 업계 선두의 자리에 있던 AIG를 거만하게 운영했다. 2009년 그는 분식 회계를 묵인한 혐의로 1,500만 달러의 벌금을 내기도 했다.[12] 그린버그가 CEO 자리에서 물러난 뒤에도 AIG는 적절한 견제와 균형이 없는 비효율적인 시스템으로 악명 높았다. 뒤이은 경영자들에게 이런 시스템은 장애물일 수밖에 없었다. 폴라 레이놀즈Paula Reynolds 부회장은 AIG가 연방 정부로부터 대규모 긴급 구제 자금을 받은 후 이런 말을 했다. "훌륭한 기업의 경영자는 매일 타이어를 발로 차보며 차를 점검하는 태도로 임하는 사람들입니다. 그런데 우리는 타이어를 발로 찰 생각은 고사하고 그것이 어디에 있는지도 모르고 있었습니다."[13]

그럼 당신은 재무 지표에 대해 어떻게 생각하는가? 재무라고 하면 골치 아픈 숫자를 떠올리며 치워버리고 싶은가? 지금부터라도 그런 자세를 버리고 재무 지표를 중요하게 바라보아야 한다. 당신 회사의 재무 시스템이 전사 전략을 지원하는 역할을 하려면 관리자들에게 매출과 운영비용, 이익률에 대한 최소한의 책임을 지울 수 있어야 한다. 그 이상 하고 싶다면 운전 자본을 효율적으로 관리하기 위해 현금 흐름 지표를 추가할 수 있다. 최고를 지향한다면 관리자들에게 수익과 현금 흐름에 대한 책임뿐만 아니라 자산을 효율적으로 관리하는지 측정하기 위해 투하 자본 수익률에 대한 책임도 지워야 한다. 당신이라면 어떻게 하고 싶은가?

리더의 일관된 관심이 성과를 창출한다

전략에서 재무에 이르기까지 주요 성과 변수를 제대로 정의했다면, 이제 불필요한 것들을 가지치기하며 목표 설정에서 책임 부여, 보상으로 이어지는 성과 평가 시스템으로 전환시켜야 한다.

GM의 CEO였던 릭 왜거너Rick Wagoner는 배려심 많은 점잖은 경영자로 인정받긴 했지만, 너무 관대하다는 비난도 받았다. 그는 GM이 4년 만에 7백억 달러 이상의 손실을 보았는데도 저조한 성과를 낸 임원들을 해고하지 않았다. 게다가 해마다 실적이 부진했던 부문이나 대리점도 운영을 지속하게 허용했다.[14]

JP모건의 제이미 다이먼 회장은 이와 다른 접근법을 썼다. 그는 철저한 책임을 요구했다. JP모건의 한 임원은 이런 말을 했다. "다이먼 회장은 까다로운 상사입니다. 부하 임원의 실적에 만족을 못하면 그 점을 반드시 지적하고 넘어가요. 책임감을 중시하는 문화를 강조하기 때문에 모든 임원들이 긴장의 끈을 놓을 수가 없습니다."[15] 다이먼은 자신의 원칙을 확고히 하기 위해 매출과 이익에 대한 공헌도에 근거하여 지점장들을 평가하는 시스템을 만들었다. 최고의 성과를 낸 지점장들은 최고 6만 5천 달러의 보너스를 받은 반면, 성과가 하

위 20퍼센트에 해당하는 지점장들은 보너스를 전혀 받지 못했다.[16]

그렇다면 성과에 대한 책임을 어떻게 부여해야 하는가? 가장 흔한 방법은 다이먼 회장처럼 성과급을 성과와 연동하는 것이다. 하지만 성과급으로 조직 구성원들의 관심을 유도하는 것만으로는 부족하다. 리더의 관심과 일관성이 무엇보다 중요하다.

> 성과에 대한 책임을 어떻게 부여하는가?

P&G의 래플리는 자신이 CEO로 취임했을 때 계획은 너무 많은 반면 수익성은 저조한 상태였다고 지적했다. 이에 래플리가 내린 해결책은 간단했다. 바로 각 개인마다 책임을 부여하는 것이었다. 래플리는 제품이 빨리 배송되지 않아 판매율이 하락하고 있다는 점을 발견하고 부하 임원들에게 배송이 안 된 건수를 매주 보고하게 했다. 그는 이런 말을 했다 "월요일 아침마다 임원들은 제게 즉시 배송이 안 된 건이 있는지, 해결하기 위해 어떤 조치를 취했는지 보고해야 했습니다. 배송 문제가 개선될 때까지 보고는 계속되었습니다. 그 결과 이제는 배송 문제 비율이 0.4퍼센트 미만으로 낮아졌습니다."[17]

프랭크 블레이크도 홈디포의 CEO로 취임했을 때 관리자들에게 주요 성과 지표에 대한 책임을 부여하는 방식을 썼다. 이전 CEO였던 밥 나델리는 많은 세부 지표들이 들어간 15쪽의 성과표를 만들었다. 매장 관리자들이 갈피를 못 잡게 만드는 수많은 지표들 때문에 불만을 제기한 것은 당연했다. 이에 블레이크는 중요한 지표를 여덟 개로 줄이고(그중 고객 만족을 최우선 순위에 두었다) 매장 관리자들에게 그 지표들에 대한 성과 책임을 부여하는 식으로 문제를 해결했다.[18]

 당신은 시티은행의 제임스 맥개런이 결국 어떻게 되었는지 궁금할 것이다. 존슨과 레이거는 맥개런에게 고객 만족 지표에서 평균 미만의 점수를 주었다. 하지만 전체 평가 점수에서는 성과표 원칙을 어기고 평균보다 높은 점수를 주었다. 그 결과 맥개런의 보너스는 5퍼센트만 삭감되었다. 레이거는 맥개런이 냈던 좋은 성과를 인정하고 싶었고 그를 잃고 싶지 않았다고 말했다. 하지만 이와 동시에 맥개런과 다른 직원들에게 고객 만족이 중요한 성과 지표라는 점을 알려주고도 싶었다고 말했다. 당신은 이 결정을 어떻게 생각하는가?
 이 장에선 리더가 조직의 모든 구성원들이 전략적 의제에 집중하게 만드는 데 성공했는지 시험해 보는 두 가지 방법 가운데 하나를 다루었다.
 많은 조직에서 구성원들은 너무 많은 계획과 평가 지표에 심한 부담감을 느낀다. 그러므로 리더는 자신의 가치 창조 이론을 명료하게 보여줘 산만한 요소들을 정리해야 한다. 이와 동시에 전략 실패를 일으킬 만한 요소를 정의해 봄으로써 성공으로 이어질 정말 중요한 성과 지표에 초점을 맞추어야 한다.

당신이 생각하기에 당신의 회사는 이런 과제를 충실히 실행하고 있다고 보는가? 그렇다면 다음 장으로 넘어갈 차례다. Chapter 4에서는 초점을 좀 더 강화하기 위해 전략적 경계를 설정하는 방법과 더불어 가장 중요한 자산인 기업 브랜드 가치를 보호하는 방법을 살펴보고자 한다.

> 사람들은 집중의 의미를
> 반드시 해야 할 일에 '예스'라고
> 말하는 거라고 생각합니다.
> 하지만 전혀 그렇지 않습니다.
> 그것은 다른 100가지 좋은 아이디어에
> '아니오'라고 말하는 것을 의미합니다.
>
> — 스티브 잡스, 애플 창립자

CHAPTER 4

전략적 통제 경계를 어디까지로 정했는가?

1996년 존 서프린John Seffrin 미국 암협회American Cancer Society 회장은 야심찬 계획을 발표했다. 서프린은 2015년까지 암 환자의 사망률을 50퍼센트 줄이고 암 진단을 받는 환자 수를 25퍼센트 줄이겠다고 선언한 것이다. 지금까지 결과는 고무적이다. 예방과 치료가 개선됨에 따라 암 환자의 사망률은 꾸준히 감소했다. 가령, 2002년과 2004년 사이에 암 사망률은 매해 2퍼센트 이상 감소했다.

하지만 2006년 당시에는 현실은 아직 갈 길이 먼 상태였다. 지금은 오바마케어Obamacare가 시행되고 있지만 당시엔 무엇보다도 치료 기회의 차단이 가장 큰 문제였다. 한 조사에서 암 환자의 생존율과 의료 보험 혜택 사이에 연관성이 높은 것으로 나타났다. 예를 들어, 유방암 1기이지만 가입한 보험이 없는 여성은 유방암 2기이지만 가입한 보험이 있는 여성보다 사망 확률이 더 높다는 것이었다. 이에 2006년 미국 암협회는 '치료 기회의 확대' 전략을 새롭게 발표했다. 그 전략의 일환으로 먼저 여론의 마음을 움직이려고 했다. 일단 1차 진료에 집중하는 한편 사람들에게 치료 기회의 확대가 필요하다는 것을 널리 알리기 위해 협회 자원 봉사자 3백만 명에게 교육을 제공하고 주 의회 의원들과 연방 정부 입법자들에게 로비하였다.

그런데 이 새로운 전략은 기부금의 축소라는 위험으로 번질 가능성이 있었다. 이 협회는 매년 1,500만 명 기부자들이 각자 75달러씩 내는 기부금에 의존하고 있었다. 서프린도 이렇게 인정했다. "우리 협회 총수입액의 97퍼센트는 개인 기부자들이 내는 기부금입니다. 그러므로 우리가 하는 일을 사람들이 좋아하지 않는다면 기부도 당장 중단될 것입니다."[1]

2006년 당시 서프린은 기부자들이 '치료 기회의 확대' 전략을 많은 미국인이 반대하는 시스템인 사회 의료 보장 제도나 국가 단일 보험 체제에 대한 요구로 오해하지 않을까 우려했다. 그는 이러한 가능성을 막기 위해 협회는 국가 단일 보험 체제를 위해 로비하지 않을 것이라고 분명히 밝혔다. 이와 더불어 협회 직원 8천 명에게 다음과 같은 경계 사항을 명시했다.

우리는 편파적인 태도를 보이지 않습니다.
우리는 특정 정치인의 공약을 지지하거나 반대하지 않습니다.
우리는 정치인에게 돈을 주지 않습니다.
우리는 정치 활동을 위해 위원회를 구성하거나 지지하지 않습니다.[2]

미국 암협회는 암과의 싸움에서 자유주의자와 보수주의자를 모두

어우르며 특정 정견政見을 대변하지 않으려 했다. 그렇게 하다 기부자 그룹의 상당수가 불편함을 느끼게 된다면 협회의 임무 수행이 위태롭게 될 가능성이 높기 때문이었다.

암으로부터 건강을 지키는 임무를 지닌 조직에서 이렇듯 '하지 말아야 할 일 목록'은 왠지 어울리지 않을 수도 있다. 하지만 이것은 새로운 전략을 성공적으로 실행하는 데 꼭 필요했다.

이는 비단 미국 암협회만의 문제는 아니다. 어떤 조직이든 조직 구성원들이 조직의 전략에 피해를 주는 선택이나 행동을 하는 상황에 직면할 가능성이 있다. 그렇다면 리더는 현재 이런 위험을 예방하기 위해 어떤 조치를 취해야 할까?

'전략적 위험 통제'는 네 번째 실행 과제이다. 이 장은 주요 성과 변수를 다룬 전 장에 이은 후편과 같다. 그렇게 보는 이유는 다음 두 가지 때문이다. 첫째, 일부 직원들은 성과 목표를 달성해야 한다는 압박감을 느끼면 회사를 위태롭게 만드는 행동을 취할 수 있다. 성장이라는 목표를 달성하기 위해 품질을 무시하는 것처럼 말이다. 그러므로 제대로 된 성과를 창출하려면 이런 위험을 예방할 필요가 있다. 둘째, 직원들이 회사의 전략적 의제를 성공적으로 실행하려면 회사가 추구하는 방향과 맞지 않는 일에 노력과 자원을 낭비하는 일이 없어야 한다. 전략적 경계를 설정하는 일은 이 두 가지 목적을 달성하는 데 중요하다.

부정적 사고의 힘을 활용하라

위험을 통제하는 방법에는 두 가지가 있다. 사람들에게 무엇을 해야 하는지 허용 행동만을 명시하는 것과 무엇을 하지 말아야 하는지 불허 행동만을 명시하는 것이다.

해야 할 일만 명시하면 실수를 저지르거나 승인되지 않은 행동을 하지 않게 할 수 있다. 이는 원자력 발전소를 운영하거나 우주선 발사를 감독할 때처럼 안전과 품질이 아주 중요할 때 적절한 방식이다. 즉, 직원들에게 표준 운영 절차를 정확히 따르게 함으로써 자율적인 재량권을 제한할 때 유용하다. 원자력 발전소 경영자가 가장 원치 않는 일은 발전소 운전원이나 기술자가 승인되지 않은 위험을 감수하며 실험하는 것이다.

하지만 혁신과 기업가적 사고가 전략 실행에 중요하다면 자율성을 제한하면서까지 각자의 일을 어떻게 해야 하는지 구체적이고 세세하게 명시하는 것은 바람직한 방법이 아니다. 그 대신 리더는 최대한 창의적인 인재들에게 하지 말아야 할 행동만을 인식시키는 게 현명하다. 즉, 그들에게 정해진 범위 내에서 창의성을 발휘할 수 있는 자유를 줘야 한다.

사실 이런 발상은 오래된 개념이다. 십계명을 생각해보자. 십계명에는 해야 할 일보다 하지 말아야 할 일이 명시되어 있다. 사람들은 이러한 금지 규정에 주의를 기울인다. 좋은 행동에 대한 보상이 아니라 처벌 가능성이 부각되기 때문이다.

이렇듯 모든 리더는 부정적 사고의 힘을 활용할 수 있다. 리더는 열정이 있는 사람들을 고용해 그들을 고무시키기 위해 야심찬 목표와 이에 연동한 성과급을 제시한다. 하지만 그와 동시에 어떤 행동을 할 때 해고될 수 있는지도 알려준다.

리더는 반드시 넘지 말아야 할 경계선을 부정적인 언어로 알려줘야 한다. 이렇게 하면 3가지 이점이 있다. 첫째, 조직 구성원들에게 하지 말아야 할 일을 구체적으로 고지함으로써 경계선이 어디인지 분명하게 제시할 수 있다. 이렇게 하면 구성원들이 오해할 만한 모호함이 존재하지 않는다. 둘째, 야심찬 새 비전과 전략을 말할 때보다 어떤 행동을 하면 해고될 수 있는지 알려줄 때 구성원들은 더 주의를 기울인다. 마지막으로, 조직에서 수용되지 못하는 행동을 분명히 정의해줌으로써 구성원들은 나중에 자신의 행동이 부적절하게 평가받을지 모른다는 걱정이나 평가의 불확실성에 대한 고민 없이 자율적으로 행동하게 된다. 즉, 하지 말아야 할 일 외에는 목표를 달성하기 위해 어떤 일도 적극적으로 해보려고 할 것이다.

이처럼 행동 규정이 있다는 것은 기본적인 경계는 이미 정해졌다는 의미다. 일반적으로 그러한 문서에는 내부자 거래나 조직을 해치는 불법 활동에 대한 금지가 명시되어 있다. 하지만 대부분의 직원들은 이런 금지 규정에 주의를 크게 기울이지 않는다. 그들은 그 내용을 자세하게 읽어 보지 않았을 공산이 크다. 왜일까? 흔히 '하면 안 되는 일'은 수많은 문장 속에 감춰져 있어 제대로 전달되지 않기 때문이다.

사실 업무 규정이 명시된 문서가 2쪽이 넘는다면 이는 '장려하는 일'과 '하면 안 되는 일'을 섞어놓은, 잘못된 시도의 결과물이다. 십계명이 간결한 데는 다 그럴만한 이유가 있다. 위험 통제 경계를 정하는 이유는 오직 한 가지다. 사람들에게 무엇을 하면 안 되는지 알려주기 위해서다. 경계가 정의된 문서에는 조직에서 수용되지 않으며 어떤 상황에서도 용납이 안 되는 행동들만이 명시되어야 한다. 이 문서는 직원들에게 사명이나 가치, 전략을 고무시키는 내용을 담는 공간이 아니다.

행동 규정을 정하는 것처럼 전략을 효율적으로 실행하는 데 도움이 될 경계를 정하는 데에도 부정적 사고의 힘을 활용할 수 있다. 부정문은 모든 전략적 경계의 기본이다. 앞 장에서와 마찬가지로 형용사에 초점을 맞춘 다음의 질문을 던져보자. 당신은 '전략적' 통제 경계를 어디까지로 정했는가?

> 전략적 통제 경계를 어디까지로 정했는가?

전략적 경계는 한 가지만 제외하고 행동 규정과 유사하다. 그 한 가지란, 이것이 전략 실행에 위험이 되는 구체적 요소를 명시하기 위해 만들었다는 점이다.

전략적 통제 경계에 명시되는 위험에는 두 가지 종류가 있다. 조직 구성원들이 기업 브랜드 가치에 해를 끼치는 행동을 함으로써 발생할 수 있는 위험과, 구성원들이 현재 전략과 맞지 않는 일에 관여함으로써 발생할 수 있는 위험이 그것이다.

생존을 위협하는 헤드라인 리스크

기업이나 임직원들이 저지른 일들이 공개적으로 드러나 고객과 이해관계자들의 신뢰가 추락하는 경우가 많다. 이 장 서두에서 나는 미국 암협회 경영진이 정했던 경계를 설명했다. 그들은 기부자들이 새로운 치료 기회의 확대 전략을 특정 정견에 대한 지지로 오해하지 않도록 경계를 정했다. 이렇게 예방 조치를 취한 데는 다 이유가 있었다. 오바마 대통령이 전미 퇴직자협회_{AARP}가 자신의 건강 보험 개혁안을 지지한다고 발표하자, 두 달도 안 되어 회원 5만 명이 탈퇴했다. 그들은 가치관의 차이와 자신들의 보험 혜택이 줄어들 거라는 우려 때문에 탈퇴했다.[3]

사람들은 이런 위험을 영업권 위험_{franchise risk}이나 명성 위험_{reputation risk}, 언론에 보도될 만한 악재라는 뜻의 헤드라인 리스크_{headline risk}라고 부른다. 무엇이라 부르던 여기에 담긴 개념은 똑같다. 고객이나 공급자, 규제 기관, 투자자의 신뢰를 잃으면 기업의 생존은 장담할 수 없게 될지도 모른다.

세계 금융 위기 때 우리는 신뢰를 잃음으로써 발생되는 결과는 순식간에 나타나며 돌이킬 수도 없다는 점을 다시 한번 깨달았다. 베어스턴스Bear Sterns와 리먼 브라더스의 경영진은 채권단이 이들의 회생 가능성을 의심하게 되자 결국 회사를 살려내지 못했다. 베어스턴스가 갈수록 위험한 모기지 발행과 파생 상품으로 확대하자 채권자들은 불안해 했다. 결국 채권단은 베어스턴스가 유동성 위기를 해결하기 위해 필요한 5백억 달러의 지원을 거부했다. 한 분석가는 이렇게 말했다. "베어스턴스가 일일 환매조건부채권 매매에 의존했던 터라 피델리티Fidelity나 페더레이티드 인베스터스Federated Investors 같은 채권기관들은 베어스턴스의 생존 가능성을 매일 점쳐야 했습니다."[4] 결국 베어스턴스는 파산을 선언하고 말았다.

이런 기업 브랜드 가치의 추락은 시티그룹에서도 일어났다. 일본에서 시티은행 직원들이 손실을 감추려고 고객들의 불법 자금 거래를 도운 사실을 규제 기관들이 발견했을 때였다. 일본 규제 기관들은 시티그룹에 프라이빗 뱅킹 사업부를 폐쇄하라고 지시했다. 또한 투자 관리와 부동산 자문 사업부에 대해서도 압력이 가해졌다. 도쿄 기자 회견장에서 사죄하며 고개를 깊이 숙인 척 프린스Chuck Prince CEO의 사진이 전 세계 경제 신문들의 일면을 장식했다. 이 사진 한

장은 공들여 쌓은 회사 명성이 한순간에 훼손될 수 있음을 여실하게 상기시켜 주었다.[5]

시티그룹은 월드컴WorldCom, 글로벌크로싱Global Crossing, 엔론과의 거래를 포함해 여러 위반 행위를 저질렀다. 이에 미국 FRB는 시티그룹이 자체 규제를 강화할 때까지 시티그룹의 확장과 인수를 금지시킨다고 발표했다. 꼬리를 내린 시티그룹 경영자 한 명은 이렇게 말했다. "우리는 항상 시티그룹의 경영을 올바르게 하고 있다고 생각했습니다. '어리석은 행위는 하지 않는다, 위법 행위는 하지 않는다'라는 것을 항상 당연하게 생각했죠. 그런데 그런 생각이 틀렸던 것 같습니다."[6]

이런 사례는 시티그룹 외에도 많다. 기업 브랜드 가치가 실추되어 생존이 위태롭게 된 후에야 전략적 통제 경계의 중요성을 깨닫는 경영자들이 많다. GE의 엔지니어들이 방위 계약 방식을 고정 가격 계약에서 원가 가산 계약으로 임의로 바꾸어 고소당했을 때 예기치 못한 위기가 닥쳤다. 고소의 결과는 순식간에 심각한 방향으로 나타났다. 하루아침에 GE는 연간 40억 달러가 넘는 미국 정부 조달에 참여하지 못하게 된 것이다.

당시 CEO인 잭 웰치는 발 빠르게 움직여 '방침 20.10Policy 20.10'을 만들었다. 이는 미 정부를 대상으로 일할 때 금지되는 행동 목록이 담긴 한 쪽짜리 문서였다. 물론 금지 항목 1번은 잘못된 요금 부과였다. 이 문서에는 금지 행동을 했을 때의 결과도 명시되어 있다. 방침을 위반하는 개인과 관리자는 즉시 해고된다고 적혀 있다.[7]

만약 당신이라면 어떻게 하겠는가?

이제 당신의 얘기를 들어보자. 당신 회사의 브랜드 가치를 위험하게 만드는 것은 무엇인가? 그런 위험을 방지하기 위해 전략적 통제 경계를 명료하게 설정하고 있는가? 그리고 이를 모든 임직원들에게 알려주었는가? 리더라면 구성원 중 누군가가 회사 명성을 훼손시킬 행동을 할 가능성이 있다는 점을 항상 인지해야 한다. 이런 위험을 예방하기 위해 전략적으로 허용되지 않는 범위와 금지 행동을 명시함으로써 모호함을 없애야 한다.

> 기업 브랜드 가치를 위험하게 만드는 것은 무엇인가?

그 중에서도 조직 구성원들이 성과 목표를 달성하기 위해 허용되지 않는 일을 할 가능성을 예의주시해야 한다. 이런 상황은 구성원들이 성장과 수익 목표에 공격적으로 매진할 때 발생할 가능성이 높다.

도요타는 자동차 품질 측면에서 오랫동안 선두를 달렸다. 그런데 도요타 직원들은 세계 선두를 달리는 GM을 앞지르기 위해 매출을 늘리려고 품질 기준을 낮추었다. 도요타는 빠른 성장을 촉진하기 위해 수십 년 동안 품질 명성을 유지하게 한 전략적 경계를 무시했다. 이 경계와 관련한 원칙은 간단했다. 새로운 공장에서 새로운 인력으로 새로운 제품을 절대 만들지 않는다는 원칙이었다. 이 전략적 경계 덕분에 최고의 품질을 만들어내는 노하우가 공장에서 공장으로 전수될 수 있었다. 하지만 그 경계가 무너졌다. 2006년 도요타는 텍사스에 소재한 새로운 공장에서 새로운 인력으로 신차 툰드라를 생산하기 시작했다. 업계 리더가 되기 위해 원칙을 무시하기로 결정한 것이다. 결국 2010년 도요타는 자동차 8백만 대를 리콜해야 했으며, 품질 문제를 해결하기 위해 북미 5개 공장 운영을 중단해야 했다. 물론 성공의 기반이 되었던 도요타 명성이 심각하게 훼손되었다.[8]

전략적 경계를 설정하는 4가지 사례

그럼 어떻게 전략적 경계를 설정해야 할까? 기업 브랜드 가치를 보호하기 위해 설정해야 할 경계 유형은 자신의 전략이 무엇인지, 경쟁을 벌이는 업계가 어떠한지에 따라 결정된다. 그러므로 당신 스스로 자신에게 무엇이 맞는지 판단해야 한다. 판단을 돕기 위해 소매업과 컨설팅, IT, 의료라는 4가지 다른 업계 기업들을 예로 들어 설명해보겠다.

월마트는 직원들이 거래업체로부터 선물이나 호의성 대가를 받는 것을 엄격하게 금지한다. 심지어 커피 한 잔도 금지시킨다. 실제로 월마트는 공짜로 식사 대접을 받았다는 이유로 부사장을 해임하기까지 했다.⁹ 왜 이리 가혹하게 처벌했을까? 월마트 경영진은 자신의 비용 우위 전략을 훼손시킬 수 있는 공급자들에게 특혜를 주는 것을 방지하기 위해 엄격한 금지가 필요하다고 믿는다.

맥킨지McKinsey는 직원들이 고객 정보를 배우자를 포함한 그 누구에게도 말하면 안 된다는 엄격한 행동 원칙을 고수한다.¹⁰ 맥킨지는 고객 비밀 준수 원칙을 어기다가 걸린 직원을 즉시 해고한다. 이런 편집증적인 태도에는 다 이유가 있다. 2009년 맥킨지는 간부 한 명이 고객의 인수 계획에 대한 정보를 한 헤지펀드 업체에 누설한 혐의로 체포되었을 때 당혹스러워했다. 이 사건이 경제 신문에 보도되면서 맥킨지의 모든 사업이 위험에 처했다. 고객들이 자신들에게 기밀 데이터를 제공해야 컨설팅할 수 있기 때문이다. 정보 유출에 관여한 사람들을 모두 해고했지만, 이미 회사의 브랜드 가치가 심각하게 훼손된 후였다.¹¹

구글이 검색 엔진 업계에서 선두를 점하는 것은 순전히 객관성이 강하다는 명성 때문이다. 사용자들은 만일 구글에 돈을 내고 등장하는 광고주들이 검색 결과에 편견을 심어준다고 믿는다면 곧장 구글의 경쟁 검색 엔진으로 바꿀 수 있다. 이러한 전략적 위험 때문에 구글은 직원들에게 명확한 경계를 명시했다. '어떠한 단기적인 이익도 사용자들의 신뢰를 저버리는 행동을 정당화할 수 없다. 구글 검색 결과의 진실성과 관련해 어떤 타협도 없다. 우리 파트너를 검색 결과에서 상위에 랭킹되도록 절대 조작하지 않는다. 그 누구도 더 좋은 페이지랭크 PageRank를 구매하지 못한다.'[12]

오스트레일리아에 위치한 시험관 수정 전문 병원 시드니 IVF는 아이를 가지려고 방문하는 부부들의 신뢰를 유지하기 위해 다음과 같이 전략적 경계를 정했다. 시드니 IVF는 다음의 사항을 허용하지 않는다.

- 익명의 난자나 정자 기부
 (모든 아이에게는 자신의 부모가 누구인지 알 권리가 있기 때문이다.)

- 다른 부부에게 배아 기부
 (유전적으로 다르다는 사실을 알게 될 때 받는 정신적 충격 때문이다.)

- 복제
 (유전적으로 건강하지 못한 사람이 될 위험성 때문이다.)

- 성별 선택
 (법적으로 해서는 안 되는 행동이기 때문이다.)[13]

지금까지 미국 암협회를 비롯하여 도요타, 시드니 IVF, 월마트, 맥킨지, 구글에 이르기까지 다양한 사례를 살펴보았다. 이들은 모두 업계와 고객, 전략이 모두 다르다. 하지만 이들 사례에 담긴 의미는 비슷하다. 기업의 브랜드 가치가 전략을 실행하는 데 핵심 자산이라면 명확한 전략적 통제 경계가 필요하다는 점이다. 이런 경계를 설정함으로써 구성원들에게 허용되지 못하는 행동에는 무엇이 있으며, 정해진 선을 넘었을 때 어떤 결과가 따르는지 분명하게 알려줄 수 있다.

> 당신 회사의 모든 임직원들은 어떤 행동이 금지되는지 알고 있는가?

당신 회사의 모든 임직원들은 어떤 행동이 금지되는지 알고 있는가? 만일 그렇지 않다면 아무리 좋은 전략이라도 언젠가 위험에 처할 수 있다.

좋은 기회라도 선택하지 말아야 할 것이 있다

지금까지 기업 브랜드 가치에 해를 끼치는 행동을 막는 전략적 경계에 대해 알아보았다. 이제 전략적 경계의 둘째 유형을 알아보자. 이 유형도 부정적 사고의 힘을 이용하여 피해야 할 프로젝트와 사업 기회를 명시한다. 이러한 유형의 전략적 경계는 모든 구성원들이 전략적 의제에 집중하게 만들려는 의도로 만들어진다.

창의적인 사람들이 모여 있는 조직에서는 새로운 아이디어들이 넘쳐나기 마련이다. 사람들은 혁신을 통해 새로운 기회를 추구할 것이다. 특히, chapter 3에서 설명한 성과 목표 관리와 chapter 5에서 설명할 혁신 촉구 기법을 조직에서 이용할 때 이런 현상이 두드러진다. 하지만 무분별한 창의력과 초점 없는 진취성은 전략의 방향성을 잃게 만든다. 방향이 정해지지 않으면 사람들은 방향이 제각각인 상태에서 일하게 되며, 전략을 실행하는 데 써야 할 귀중한 자원을 낭비하게 된다.

이런 실수는 대개 성장이 무분별하게 이루어질 때 발생한다. 스타벅스의 창립자 하워드 슐츠Howard Schultz는 이 위험을 뒤늦게 깨달았다. 하워드 슐츠는 1,000개 매장에서 17,000개 매장으로 빠르게 확장한 결과 오히려 스타벅스 브랜드 가치가 떨어진 현실에 직면했다.[14] 그는 한산한 쇼핑가에도 매장을 내는 등 무분별하게 확장했던 일을 후회하며 이렇게 말했다. "우리에겐 금지와 관련한 원칙이 없었어요. '이런 곳에는 매장을 열면 안 된다'라고 말하지 못한 것이 문제였던 거죠."[15]

전략적 경계가 명료하게 정해져 있으면 시간 및 자원의 낭비와 좌절감을 수반하는 무분별한 성장을 피할 수 있다. 관리자들은 혁신적이고 가치 있다고 생각한 프로젝트에 시간과 자원을 투자했는데 경영진들이 그것을 지지하지 않는다는 사실을 막판에 알게 되면 크나큰 좌절감을 느낀다. 전략적 경계가 정해져 있다면 관리자들은 기업 전략에 초점을 맞출 수 있어 이렇듯 노력이 낭비되는 상황을 피할 수 있을 것이다. 그러므로 경영자는 관리자들에게 해야 할 일을 말해주는 대신 (그렇게 하면 창의력을 제한할 수 있다) 전략상 하지 말아야 할 일을 미리 말해주어야 한다.

스티브 잡스Steve Jobs는 PDA를 개발하지 않는다는 원칙이 없었다면 아이팟iPod을 개발하기 위한 자원을 확보하지 못했을 거라며 이렇게 말했다. "사람들은 집중의 의미를 반드시 해야 할 일에 '예스'라고 말하는 거라고 생각합니다. 하지만 전혀 그렇지 않습니다. 그것은 다른 100가지 좋은 아이디어에 '아니오'라고 말하는 것을 의미합니다."[16]

사실 명확한 전략은 어려운 선택을 요구한다. 세계적인 증권사 에드워드 존스Edward Jones의 전략적 경계에는 해서는 안 될 일이 명시되어 있다. '우리는 투기적 저가주, 실물 자산, 고위험 금융 상품을 팔지 않는다. 우리는 단타 매매자들을 상대하지 않으며, 온라인 거래를 제공할 필요를 느끼지 않는다. …… 우리는 특정 기관이나 회사를 광고하지 않는다. …… 우리는 당좌예금 같은 서비스를 제공하지 않는다. …… 우리는 스스로 의사 결정하는 투자자들을 대상으로 삼지 않는다.'[17]

리더는 자신이 속한 업계 특성이 무엇이든지 다른 업체들 몫으로 남겨둘 기회들을 명시할 수 있어야 한다. 여기에 반대하는 사람도 있을 것이다. 당신은 모든 기회를 붙잡는 게 좋다고 생각하는가? 하지만 그렇게 하면 안 된다. 모든 시장에서 모든 고객을 대상으로 모든 기회를 붙잡으려 한다는 것이 의미하는 바는 단 하나이기 때문이다. 바로 명확한 전략이 없다는 뜻이다.

전략적 경계를 정한다는 것은 새로운 개념이 아니다. 이 개념은 GM의 초기 사업 전략의 기본이었다. CEO였던 알프레드 슬론Alfred Sloan은 제품 유형을 다양화하려고 각 제품마다 판매 가격의 범위를 제시해주고, 그 범위 내에서 가격이 책정되도록 했다. 즉, 정확한 가격을 정해주지 않는 대신 상한가와 하한가를 제시함으로써 책정할 수 없는 가격을 정한 셈이었다.[18] 그런데 100년이 지난 후 GM은 이 중요한 원리를 망각했다. 쉐보레, 올즈모빌, 뷰익, 폰티악, 새턴처럼 GM이 미국 시장에 내놓은 브랜드들은 비슷한 가격대로 판매함으로써 시장에서 차별화된 포지션을 확보하지 못했다.

흔히 리더들은 수익성 있는 프로젝트나 새로운 기회를 잘 거절하지 못한다. 전략적 경계를 없애고픈 유혹을 느끼는 상황은 자주 발생한다. 특히 현재의 전략적 의제와 맞지 않는 수익성 높은 기회를 제안 받았을 때 더욱 그렇다. 여기 한 가지 사례를 살펴보자. 미국 전력업체 AES는 설립 당시 단일 시장에 대한 투자의 상한선을 정했다. 이는 개발도상국에 과도하게 투자하는 것을 막기 위해서였다. AES의 경영진들은 전략적 경계를 현금 흐름과 투입 자본의 5퍼센트로 정했다. 1990년대에 들어 이 상한선을 10퍼센트로 정했다. 그러다 1990년대 후반 새로운 사업 기회들이 빠른 속도로 몰려오자 경영진은 그 경계를 완전히 없애기로 결정했다. 그 결과 설립자 데니스 바케Dennis Bakke가 AES를 떠날 당시 회사는 파산 직전으로 내몰린 상태였다. 나중에 그는 '경영진이 그렇게 오만한 행동을 하는 바람에 손실액과 대손상각비가 눈덩이처럼 불어났다'고 실토했다.[19]

'아니오'라고 말하는 것은 흔한 방식이 아니지만 전략적 경계를 명시하는 좋은 방법이 된다. 웰스 파고 은행은 직원들이 고수익 고위험의 구조화 투자 상품과 모기지론의 판매를 금하는 전략적 경계를 정했다. 그 결과 경영진은 서브프라임 사태로 촉발된 금융 위기를 무사히 헤쳐 나갔으며, 워런 버핏으로부터 찬사를 받기도 했다. 뿐만 아니라 웰스 파고는 경쟁 업체들과는 달리 워런 버핏이 운영하는 버크셔 해서웨이Berkshire Hathaway에 시장 금리 이하로 대출하는 것을 거부했다. 대개 경쟁업체들은 워런 버핏으로부터 투자를 유치할 목적으로 그렇게 하는데도 말이다. 이런 거부를 높이 평가한 버핏은 웃음을 지으며 이렇게 말했다. "그러한 결정에 강한 쾌감을 느꼈습니다. 금융 기관이 어떻게 사고해야 하는지 명확하게 보여주었기 때문이죠. 은행가를 제대로 파악하려면 …… 무엇을 하지 않는지 확인해야 합니다. 웰스 파고가 하지 않았던 것을 보면 그 기업의 위대함을 알 수 있습니다."[20]

이처럼 전략적 경계는 여러 가지 형태를 띤다. 기업과 사업 특성에

> 전략상 어떤 일들을 피해야 한다고 명시하고 있는가?

따라 리더는 피해야 할 프로젝트, 피해야 할 상품, 피해야 할 시장 등을 명시할 수 있다. 어떤 식으로 정의하든 리더는 전략상 어떤 일들을 피해야 할지 구성원들에게 확실하게 각인시킬 수 있어야 한다.

전략적 경계가 내실 있는 성장을 견인한다

전략적 명료함을 보여주는 전략적 경계를 설명할 때 내가 자주 인용하는 사례는 급여처리대행업체인 ADP이다. ADP의 전략적 경계에는 다음을 충족시키지 못하는 업체는 지원하지 못한다고 명시되어 있다.

- 연간 매출 1억 달러 이상
- 15퍼센트 성장률 유지
- 업계 1위 업체, 5년 내에 1위로 올라설 가능성이 있는 2위 업체
- 개인 맞춤형이 아닌 표준화된 제품과 서비스를 제공하는 업체
- 명확한 출구 전략exit plan을 가지고 있는 업체

물론 이 경계가 구속복처럼 작용하는 것은 아니다. ADP 경영진은 3년마다 고객 업체들을 방문해 경계 조건을 여전히 충족시키는지 확인하고, 필요하다면 조건을 조정한다. 또한 이 필요 조건을 모두

충족시키지 않는 업체에게 서비스를 제공하기도 한다. 하지만 모든 업체는 정해진 시간 안에 이 조건들을 다시 충족시켜야 하며 그렇지 못할 경우 거래 대상에서 제외된다. 이렇게 전략적 경계가 엄격하다 보니 ADP는 크게 성장하지는 못했다. 만약 경계가 덜 엄격했다면 규모가 더 큰 기업이 되었을지도 모른다. 하지만 이런 엄격한 경계 덕분에 지속적으로 건실한 수익을 창출했고, 미국 상장 기업 가운데 가장 오랫 동안 주당순이익 EPS이 두 자리 수 증가하는 기록을 세웠다.[21] 2010년 1월 비금융회사 가운데 AAA 신용 등급을 받은 회사는 네 곳 밖에 없었는데 ADP가 그중 하나였다(나머지 회사는 엑슨 Exxon 과 마이크로소프트, 존슨앤존슨이다).[22]

사실 자유로움을 추구하며 승승장구하는 기업에게도 전략적 경계는 필요하다. 직원들의 '자유분방한 행동'으로 유명한 구글은 엔지니어들에게 업무 시간의 20퍼센트를 자신이 맡은 주요 업무 외에 실험적인 프로젝트에 쓰도록 권장한다.[23] 하지만 다음의 4가지 요건을 충족시키지 못하면 실험 프로젝트를 즉시 포기해야 한다. 첫째, 프로젝트는 고객들에게 친숙한 것이어야 한다. 둘째, 프로젝트 제안자는 그 일에 동참할 다른 직원들을 끌어들일 수 있어야 한다. 셋째, 프로젝트를 통해 크고 중요한 문제를 해결할 수 있어야 한다. 넷째, 프로젝트가 회사 내부의 성과 목표를 충족시켜야 한다. 이렇듯 구글이 지원하지 않는 프로젝트를 명시하는 전략적 경계를 통해 자유를 허

용함과 동시에 전략적 방향과 무관한 프로젝트의 낭비를 막는다.[24]

조직 구성원들은 회사가 전략상 어떤 일들을 지원하지 않는지 알고 있는가? 만일 모른다면 전략적 경계를 보다 명료하게 설정할 필요가 있다.

전략적 경계는 냉정함을 요구한다

리더가 전략적 위험 통제 경계를 정하느냐 마느냐의 여부는 회사에 지원하는 사람들 유형에도 영향을 끼친다. 어떤 사람들은 일을 어떻게 해야 하는지 정확하게 지시해주는 조직에서 일하고 싶어 한다. 그들은 지시를 따르는 것을 선호하고 그럴 때 편안해 한다. 그런 사람들을 채용하는 회사는 창의성과 즉흥성, 혁신은 부족할지라도 그들에게는 더없이 잘 맞는 조직이다.

반면에 열정과 모험 정신이 뛰어난 사람들은 이와 전혀 다른 유형의 회사를 선택한다. 그들은 무엇보다 자유를 중요하게 여긴다. 그들은 해서는 안 될 일만 알려주고 능력을 최대한 발휘할 수 있도록 자유를 주는 회사를 선택한다.

사실 전략적 경계는 규칙과 매뉴얼, 운영 절차 기준이 있는 관료 체계와는 다른 개념이다. 전략적 경계는 간단하면서도 냉정하다. 명성 위험과 관련 있든 자원 배분과 관련 있든 전략적 경계 사항은 당신이 작은 냅킨에다가도 쓸 수 있는 분량이어야 한다. 이것을 정하려고 컨설턴트나 전문가를 고용할 필요는 없다. 리더라면 자기 조직의 특성과 전략을 기반으로 어떤 행동을 금지시켜야 하는지 종이 한 장의 범위 내에서 쓸 수 있어야 한다. 당신은 어떠한가?

이제라도 명료하게 전략적 경계를 정하기로 결정했다면 반드시 기억해야 할 게 있다. 전략적 경계는 보상이 아니라 처벌과 연계되어야 한다는 점이다. 경계선을 넘은 직원을 발견했다면 아무리 유능하고 아끼는 직원일지라도 처벌해야 하며, 필요하다면 해고도 감행해야 한다. 리더가 이 원칙을 강력하고 일관되게 지켜야만 소문이 조직 내에 퍼지면서 리더가 명시한 금지 사항의 중요성이 강화된다.

리더의 이런 결정은 내리기 쉽지 않는 게 사실이다. 하지만 회사를 경영하려면 꼭 필요한 결정이다. 일류기업일수록 이런 결정은 더욱 중요하다. 만일 직원들 중에는 회사를 위험에 빠뜨릴 행동을 할 사람이 전혀 없다고 생각한다면 다시 고민해보기 바란다. 사람은 누구나 실수를 하며, 규정을 위반하는 행위는 발생하기 마련이다. 하지만 많은 기업이 단호한 조치를 취할 용기를 잘 내지 못한다. 이런 기업들은 직원이 부적절한 행동을 했다는 사실을 부각시키거나 인정하지 않으려 한다.

어려운 결정임에도 용기를 낸 존슨앤존슨 사례를 살펴보자. 존슨앤존슨은 해외 자회사의 관리자들이 의료장비 판매망을 확보하려고 해당 국가의 공무원들에게 뇌물을 준 사실을 알았을 때 곧장 증권거래위원회SEC와 미 법무부에 알렸다. 이러한 행위는 해외 부패 방지법과 존슨앤존슨의 행동 수칙에 의거해 금지된 사항이었다. 물론 존슨앤존슨은 그 사건에 관여한 관리자들을 해고했다. 더 중요한 사실은, 존슨앤존슨의 글로벌 의료장비 사업부 회장이 그 사건에 직접 연루되지 않았음에도 궁극적인 책임을 지고 사임했다는 점이다.[25]

　전략적 경계의 원리는 부정적 사고의 힘을 이용하여 전략적 의제에 집중하면서도 자유를 창조하는 것이다. 조직 구성원들은 리더가 정한 경계가 어디까지인지 알고 싶어 한다. 그래야 금지된 행동과 회사가 지원하지 않는 프로젝트 유형을 파악할 수 있기 때문이다.
　직원들은 '전략적' 경계를 명확히 인지해야 회사의 전략에 맞게 자신의 창의력을 최대한 발휘할 수 있다. 이전에 논의된 주요 성과 변수와 함께 전략적 경계는 모든 직원으로 하여금 회사의 전략적 의제에 집중하게 한다.
　당신은 직원들이 하면 안 될 일을 명확하게 규정했는가? 그렇지 않다면 당신 회사의 전략적 의제는 위험에 처해있는 셈이다.
　만일 지금까지 말한 과제들을 충실히 실행하였다면 다음 주제로 넘어갈 준비가 되었다. 그 주제란 모든 직원이 성공을 향해 전력을 다하도록 동기를 부여하는 방법을 말한다. 나는 chapter 5에서도 당신이 내리기 힘든 결정을 요구할 것이다. 그런데 전략적 경계가 반드시 필요하다는 사실을 아직도 확신하지 못하는 리더라면 다음 장으로 넘어가지 말기 바란다.

> 압박이 없었다면
> 혁신도 없었을 겁니다.
> 궁지에 몰린 쥐가
> 창의력을 발휘합니다.
>
> — 밥 존스턴, J보트 창립자

CHAPTER 5

창의적 긴장감을 어떻게 조성하고 있는가?

J보트J Boats의 창립자 로드 존스턴Rod Johnstone과 밥 존스턴Bob Johnstone은 걱정에 휩싸였다. 보트를 제조하는 이 업체는 갑자기 침체기에 빠져 생존 자체가 불확실해졌기 때문이다.

1990년 11월 5일 조지 부시George H. W. Bush 대통령은 "제 말씀 잘 들으세요, 새로운 세금은 없습니다."라고 했던 자신의 공약을 깨고 새로운 세제 법안에 서명했다. 다음 해 1월 1일부터 1만 달러가 넘는 보석과 모피, 3만 달러가 넘는 자동차, 10만 달러가 넘는 보트, 25만 달러가 넘는 레저용 항공기에 10퍼센트의 특별 소비세가 부과될 예정이었다.[1]

이 법안이 보트 업계에 미친 영향은 치명적이었다. 뉴욕의 한 유명 딜러는 1990년에 호화 보트를 30대 팔았지만, 1991년에는 고작 2대 팔았다. 미국 전역에서 요트 판매량이 77퍼센트 감소했다. 2만 5천 명의 노동자들이 해고되었고 많은 보트 제조업체가 파산을 선언했다.[2] 로드 존스턴과 밥 존스턴은 새로운 아이디어를 내지 않으면 이제 자신들이 파산을 선언해야 할 차례라는 점을 알았다.

J보트의 일화는 보트 업계에서 전설로 여겨진다. HP 창립자 빌 휴

렛Bill Hewlett과 데이비드 팩커드David Packard가 팔로 알토에 있는 조그만 차고에서 첫 제품을 만들었듯이, 로드 존스턴도 코네티컷에 있는 자신의 차고에서 J/24 요트의 원형을 만들었다. 로드는 이렇게 말했다. "그 차고는 8.5미터 길이에 한 쪽 구석에는 작업대가 있었고, 문 폭은 2.8미터였죠. 우리 요트가 길이 7.3미터에 폭이 2.7미터인 것은 우연이 아닙니다." 1976년에 출시된 J/24는 세계적으로 가장 유명하고 널리 인정받은 요트가 되었다. J보트는 요트 수천 대를 만들었으며, 조립 라인을 확장해 길이가 6.7미터에서 15.8미터에 이르는 다양한 요트를 생산했다. 매해 10만 명이 넘는 세계인들이 J보트의 요트로 항해했다. J보트는 〈포춘Fortune〉지로부터 미국에서 생산되는 최고의 제품 100가지 가운데 하나로 선정되기도 했다.

하지만 1991년 봄이 되자 위기가 닥쳤다. 밥 존스턴은 급감한 수요에 대응하기 위해 완전히 새로운 유형의 요트를 생산해야 한다는 것을 깨달았다. 새 요트는 특별 소비세를 피하기 위해 가격이 10만 달러 미만이어야 했고, 빠르고 재미있으면서도 항해하기가 쉬워야 했다. 또한 성능과 품질 측면에서 J보트의 명성을 강화시켜주어야 했다. 그 결과가 바로 엄청난 인기를 끈 J/105였다. 유선형의 '스포츠 보트' 개념으로 만들어진 J/105 요트에는 접이식 기움 돛대가 장착되었다. 이 요트로 새 생명을 얻은 것과 다름없는 J보트는 예전의 설계 방식에서 벗어나지 못하던 업계에 혁명을 일으켰다. 오늘날에도 여전히 J보트는 고성능 고품질로 업계 선두를 달리고 있다.

1993년에 폐지되기는 했지만 특별 소비세로 인한 압박감이 없었더라면 J보트의 혁신은 이루어지지 못했을 것이다. 밥 존스턴은 자신이 그러한 발상을 할 수 있었던 이유를 "압박이 없었다면 혁신도 없었을 겁니다. 궁지에 몰린 쥐가 창의력을 발휘합니다."는 말로 설명했다. 역으로 보면 궁지에 빠졌을 때 혁신하지 못하면 스러지고 마는 것이다.[3]

예측 가능한 일상과 편안한 습관을 깨뜨려라

경영자들이나 신생 기업에서 일하는 사람들은 혁신에 대한 압박을 받는다는 것이 무엇인지 잘 안다. 고객들에게 그들이 가치 있게 여기는 제품과 서비스를 제공하지 못하면 살아남지 못한다. 선택의 여지는 없다. 시장은 참혹한 경쟁의 승리자를 가려내는 공정하고 냉정한 심판과 같다.

하지만 리더가 조직 구성원들이 이런 경쟁의 압박을 느끼지 못하게 차단한다면 그들은 혁신을 이루지 못한다. 조직의 규모가 클수록 구성원들은 외부 경쟁의 압박에서 편안하게 차단될 가능성이 크다. 한 인사부 중역은 이렇게 불평했다. "지금까지 우리 직원들은 시장에서의 성공이 아닌 다른 직원보다 더 빨리 승진 점수를 따는 일을 성공으로 여겼습니다."

　사업 규모나 특성에 상관없이 경쟁적인 시장에서 성공의 길을 찾는 리더라면 끊임없이 혁신을 추구해야 한다. 점진적인 개선 방식의 혁신이든 대전환의 혁신이든 혁신하지 않으면 경쟁자가 당신의 고객을 빼앗아갈 수 있다. 정부의 보호 무역 정책 등으로 경쟁으로부터 보호받게 되면 안정적이라고 생각할지 모른다. 하지만 그런 온실 속에서 기업은 참신한 아이디어가 창출되지 않고 인위적으로 지탱될 뿐이다. 이런 조직은 결코 오래 버티지 못한다.

　대기업에서 혁신을 장려하는 기법은 잘 알려져 있다. 자율적인 팀 조직, 가상 네트워크virtual network 구축, 혁신적인 상품 개발을 담당하는 스컹크 워크skunk work 지원 등이 있다. 그런데 이런 기법들은 혁신에 적합한 환경을 만드는 데 유용하긴 하지만 이것이 다는 아니다. 이 기법들은 말을 물가로 끌고 가는 방법은 알려주지만, 정작 중요한 마지막 단계까지 도달하게 해주지는 않는다. 즉, 말에게 물을 마시게 하는 방법을 알려주지는 못한다.

　그런 측면에서 이제 다섯 번째 실행 과제인 '혁신 촉구'를 살펴보고자 한다. 당신은 좋은 환경을 만들어놓기만 하고 최고의 성과를 기대하는가 아니면, 조직 구성원들의 창의력을 최대한 끌어내도록 각고의 노력을 기울이는가? 나는 이 부분과 관련하여 일부러 '박차를 가한다spurring'는 표현을 선택했다. 앞으로 살펴볼 기법들은 톱니 바퀴 모양의 박차처럼 날카로운 측면이 있기 때문이다. 이런 기법들은 불편하게 느껴질 수도 있지만, 높은 수준의 혁신과 성과를 달성하고 싶다면 꼭 필요하다.

이 주제는 민감한 부분이긴 하다. 성과를 위해 직원들에게 긴장감을 조성하면 위험이 발생하기 쉽다. 부주의하게 조성할수록 더욱 그렇다. 그러므로 당신이 이 기법을 적용하기 전에 먼저 핵심 가치를 명료하게 정하고 다른 이해관계자들에 대한 최소한의 책임을 규정하며 전략적 경계도 명확하게 설정해야 한다. 사실 위험할 수 있다고 긴장감을 조성하지 않으면 더 큰 위험이 닥칠 수 있다. 혁신을 이루지 못하면 점점 더 조직의 경쟁 우위는 약화되기 때문이다.

그럼 리더는 조직 내에서 창의적 긴장감을 어떻게 조성해야 할까? 이 질문은 혁신을 극대화하기 위해 올바른 기법을 쓰고 있는지 알아보는데 유용하다.

> 창의적 긴장감을 어떻게 조성하고 있는가?

경쟁적인 상황이라면 혁신은 자연스럽게 이루어진다. 하지만 안전한 조직 내에서는 자연스럽게 이루어지지 않는다. 직원들은 예측 가능한 일상과 습관에 젖어 있다. 어제와 같은 방식으로 오늘 일을 하고, 오늘과 같은 방식으로 내일 일을 할 것이다.

혁신에 박차를 가하려면 이런 편안한 습관을 깨뜨려야 한다. 리더는 조직에 창의적 긴장감을 조성하여 조직 구성원들을 각자의 편안한 영역에서 불편한 영역으로 밀어내야 한다. 물론 모든 직원이 이러한 도전에 선뜻 응하는 건 아니다. 창의력도 개인마다 다르다. 그렇다 하더라도 당신이 직원들에게 각자의 능력을 최대한 끌어올려 혁신하도록 압력을 가하지 않으면 직원들은 예측 가능한 일상에 눌러앉을 것이다. 그러면 혁신적인 경쟁자들로 인해 당신의 회사는 뒤로 처질 수밖에 없다.

창의적 긴장감은 불편하게 다가온다

대부분의 기업들은 시장의 압박에 직면해 생사가 불투명한 신생 기업이 아니지만, 창의적 긴장감이 느껴지는 신생 기업의 접근법을 모방할 수는 있다.

조직의 리더가 해야 할 중요한 일 가운데 하나는 구성원들이 창의적으로 생각하고 행동하도록 동기를 부여하기 위해 조직 내에 외부 시장의 압박이 느껴지도록 만드는 일이다. 인텔 CEO를 지낸 앤디 그로브Andy Grove는 이 부분의 중요성을 이렇게 강조했다. "관리자의 가장 중요한 역할은 시장에서 승리하기 위해 직원들이 열정적으로 일할 수 있는 환경을 만들어주는 일입니다."[4]

조직의 전략을 뒷받침하기 위해 어느 정도의 혁신이 필요한지, 구성원들에게 박차를 가하기 위해 어느 정도의 창의적 긴장감을 조성해야 하는지 결정할 수 있는 사람은 리더밖에 없다. 물론 각 기업과 업계는 처한 상황이 모두 다르다. 그렇더라도 리더는 이런 결정을 등한시하면 안 된다.

당신은 직원들이 창의적으로 생각하도록 어떻게 동기 부여를 해주고 있는가? 이 질문에 자신 있게 대답하지 못한다면 뒤이어 살펴볼 혁신을 자극하는 기법에 관심을 가지기 바란다. 리더라면 아래에 나온 사항들을 적용하여 직원들을 창의적인 인재로 변모시키고 그들의 최고 기량을 잘 끄집어 낼 줄 알아야 하기 때문이다.

> 직원들이 창의적으로 생각하도록 하려면 어떻게 동기를 부여해야 하는가?

혁신을 자극하는 3가지 방법

그럼 어떻게 창의적 긴장감을 조성해야 할까? 그 방법으로 다음과 같이 3가지를 고려해 볼 필요가 있다.

공격적인 목표를 설정한다

경쟁적인 행동을 자극하는 가장 흔한 방법은 만만치 않은 목표를 설정하는 것이다. 올림픽 선수들이 그렇게 하듯이 구성원들에게 각자의 과거 성과 수준과 경쟁을 하도록 요구해야 한다. 이런 목표를 사람들은 도전 목표challenge goal, 혹은 크고 위험하며 대담한 목표BHAG라고 부른다.[5] 어떻게 불리든 개념은 똑같다. 여느 때처럼 조직을 운영하거나 조금 개선하는 것만으로는 충분하지 않다. 공격적인 목표를 달성하기 위한 유일한 방법은 완전히 다른 무언가를 시도하는 것이다. '궁지에 몰린 쥐가 창의력을 발휘한다'는 밥 존스턴의 말처럼 공격적으로 혁신해야 한다.

존 서프린 회장은 이 개념을 수용했다. 1996년 미국 암협회 직원 8천 명과 자원 봉사자 3백만 명에게 대담한 2015 목표를 달성하도록 도전 의식을 북돋았다. Chapter 4에서 말했듯이 2015 목표는 2015년까지 암 환자의 사망률을 50퍼센트 줄이고 암 진단을 받는 환자 수를 25퍼센트 줄이며 암을 극복한 이들에게 삶의 질을 향상시켜 준다는 것이었다. 이런 거창한 목표를 설정하자 협회 경영진은 목표에 달성하기 위해 기존 방식을 버리고 새로운 혁신을 궁리하기 시작했다. 그렇게 해서 탄생한 새로운 전략이 바로 '치료 기회의 확대' 전략이었다. 그 결과 2015 목표가 공표된 이후 25만 명이 넘는 사람들이 목숨을 구했다. 공격적 목표를 설정함으로써 창의적 긴장감이 조성되지 못했다면 이루지 못할 성과였다.

공격적 목표는 특히 대기업에서 중요하다. 대기업 경영자는 임직원들이 관료주의의 편안한 영역에 안주하지 않도록 해야 한다. 세계 최대의 자동차업체인 GM 직원들은 '편안함'만 추구했고 편협했으며 현실에 안주했다.[6] 그 결과 직원들은 경쟁력을 상실했고 결국 회사를 파산에 이르게 했다. 경쟁력 상실은 현실에 안주하는 태도에서 나왔다. 이와 대조적으로 도요타 경영진은 도달하기 쉽지 않은 목표를 가졌다는 데 자부심을 느낀다. 그들은 도요타가 20여 년 동안 성장과 혁신을 이룩한 데는 높은 목표를 설정해왔던 것이 큰 몫을 했다고 믿는다.[7] 물론 도요타 경영진이 성장을 위해 공격적인 목표를 밀어붙인 결과 품질 문제가 발생한 것도 사실이다. 그런 점에서 앞서 필수 안전장치로써 전략적 경계를 설정하는 것이 얼마나 중요한지 다시 한번 더 상기하기 바란다.

개인별로 순위를 책정한다

내 친구 캐슬린은 실리콘 밸리에 소재한 기술기반기업에 다닌다. 2만 5천여 명의 직원을 거느릴 만큼 빠르게 성장하며 시장 리더의 자리에 오른 이 기업은 기업가적인 비전과 대담한 혁신으로 널리 인정받고 있다.

캐슬린은 새로 얻은 직장과 함께 일하는 동료들을 좋아한다. 하지만 경영대학원을 막 졸업하고 이 회사에 입사했을 때는 적잖이 놀라기도 했다. 이 회사만의 성과 보고와 개인별 순위 책정 방식이 캐슬린을 당황하게 만들었던 것이다. 회사는 분기별로 개인의 목표를 신중하게 설정하고 평가했을 뿐만 아니라 관리자들에게 모든 부하 직원의 성과 점수를 바탕으로 순위를 매기도록 했다. 그것도 '최소한의 조건을 만족시킴'이나 '기대 수준을 뛰어넘음'처럼 정성 평가가 아니라 1등에서 꼴찌까지 순위를 매겨야 했다. 뿐만 아니라 서로 다른 부서에서 비슷한 업무를 하는 직원들끼리도 성과를 바탕으로 순위가 매겨졌다.

그 회사는 개별 순위를 바탕으로 승진 대상자와 해고할 직원을 선택했다. 캐슬린은 이렇게 말했다. "경영진은 보다 좋은 성과를 내려고 계속 밀어 붙여요. 새로운 아이디어를 계속 생각해낼 수밖에 없어요. 마음을 무겁게 짓누른다니까요."

의외로 이런 방식을 쓰는 기업이 많다. 이런 구시대적인 기법이 사용되는 이유는 무엇일까? 대부분의 사람들은 창의적인 혁신을 이루는 기업에서 왜 이런 기법이 쓰이는지 심각하게 생각하지 않는다.

대부분의 관리자들은 부하 직원들의 성과를 평가할 때 평균 이상의 점수를 주고 싶어 한다. 점수를 후하게 주어야 거북한 대화를 피할 수 있고 화기애애한 관계를 이어나갈 수 있기 때문이다. 〈프레리 홈 컴패니언A Prairie Home Companion〉이라는 영화가 있다. 이 영화에서 세상은 '모든 여성은 강인하고, 모든 남성은 잘생겼으며, 모든 아이는 평균 이상의 점수를 받는' 곳으로 묘사된다.

하지만 현실 세계에서는 모두가 평균 이상이 될 수 없다. 결국 보통 이하의 성과를 내는 사람을 눈감아주다 보면 문제가 발생한다.

제임스 킬츠James Kilts는 2001년 질레트Gillette CEO로 취임했을 때 경영진의 3분의 2 이상이 최고 평가 점수를 받아 최고액 보너스를 챙겼다는 사실을 알게 되었다. 킬츠는 이런 평가 방식을 현실에 맞게 조정해야 했다. 질레트가 연속 15분기 동안 수익 목표를 달성하지 못했기 때문이다.[8]

사실 부하 직원들의 순위를 매기다 보면 꺼내기 힘든 대화를 어쩔 수 없이 하게 된다. 하지만 이보다 더 중요한 사실은 순위를 공유할 때 모두가 개선해야겠다는 자극을 느낀다는 점이다. 그래서 일도 더 열심히 하게 되고, 성공한 사람들을 모방하기도 하며, 효율적으로 일할 방법을 이리저리 궁리하기도 한다.

당신은 순위를 매긴다는 원칙을 받아들이기 힘들지도 모른다. 도요타의 미국인 신입 사원들은 색깔 막대로 된 도표가 공장 벽에 게시되었을 때 불편한 기색을 여과 없이 드러냈다. 그것은 각 개인의 상대적 성과를 나타낸 도표였다. 하지만 도요타에서 그 도표는 중요한 역할을 했다. 신입 사원들은 일하는 방법을 터득할 때 누구를 관찰해야 하는지 알았고, 숙련된 직원들은 도요타의 내부 문화에 아직 익숙하지 못한 직원들에게 도움을 줄 수 있었다.[9]

잭 웰치는 이런 순위 평가 체계를 신봉했다. 당시 GE는 연 2회 직원들의 순위를 매기며, 하위 5퍼센트에 속하는 직원들이 개선된 성과를 보이지 못하면 그들을 해고했다. 잭 웰치는 이런 말을 했다.

"개인별 순위 책정 시스템은 논란의 여지가 매우 컸습니다. 가장 취약한 직원을 제거하는 방법이기 때문입니다. 레드 삭스와 메츠가 오늘밤 경기를 펼친다고 생각해보죠. 이 팀들은 마이너리그 선수들을 내보내지 않습니다. 우리의 순위 책정 시스템은 야구에서 최고의 선수들을 출전시키는 것과 같습니다. 이 시스템은 잔인한 방식으로 묘사되어 왔지만 그렇지 않습니다. 정말 잔인한 시스템은 그 누구에게도 현재 어디에 있는지 알려주지 않는 것입니다."[10]

물론 리더는 개인별 순위 평가 체계가 여기에 소개된 여느 기법들과 마찬가지로 남용될 가능성이 있다는 점도 반드시 인지해야 한다. 누구라도 창의적인 긴장감을 조성하려다 조직을 파괴하는 일이 벌어지는 걸 바라지는 않을 것이다. 너무 많은 직원을 저조한 성과 그룹에 넣는다거나 평가 점수를 기계적으로 처벌과 연계한다면 문제가 발생할 수 있다. 엔론의 CEO를 지냈던 제프 스킬링 Jeff Skilling은 순위를 매겨 해고하는 '랭크앤양크 rank and yank' 성과 시스템을 극단적으로 이용했다. 6개월마다 순위를 매겨 하위 15퍼센트에 해당하는 직원들을 해고한 것이다. 그러니 직원들이 문제되는 거래나 단기 이익을 부풀리는 분식 회계에 대해 상사에게 이의를 제기하지 못하는 것이 당연했다.[11]

팀별로 순위를 책정한다

개인의 순위를 매기는 방식은 팀과 사업부의 순위를 매기는 데도 적용할 수 있다. 이렇게 하면 개별 조직이 최고의 성과를 창출할 방법을 찾도록 자극할 수 있다. 마크 파커Mark Parker 나이키 CEO는 매 시즌이 끝날 때마다 각 사업부의 성과 점수를 공개해 선의의 경쟁에 불을 붙인다면서 이렇게 말했다. "직원들은 서로의 점수를 확인한 후 모여서 토의를 하며 다음 시즌에 더 나은 성과를 내기 위한 방법을 모색합니다."[12]

스위스 다국적 기업 ABB의 CEO를 지낸 고란 린달Goran Lindahl이 ABB의 발전사업부 책임자로 있을 때, 나는 그가 관할하는 전 세계 20개 발전소의 관리자들에게 혁신을 고양시키고 베스트 프랙티스best practice 공유를 촉진하는 방법을 논의하고 있었다.

그는 최근에 발전소 관리자들에게 보냈던 막대그래프를 내게 보여 주었다. 세로축은 '전력 변압기 처리량 시간'이고 가로축은 각 발전소의 결과 수치였다.

린달은 자신이 세 개의 변수를 선택하여 매달 측정한 후 모든 관리자에게 비교 그래프를 보내준다면서 이렇게 말했다. "저는 아무 말도 할 필요가 없어요. 발전소 관리자들이 하위 순위로 내려가지 않으려고 결과를 개선시키고자 기를 쓰고 노력할 것이 분명하기 때문이죠."[13]

미국 암협회도 이 방식을 효과적으로 활용했다. 미국 암협회는 13개 지역을 다양한 성과 평가 지표에 의거하여 순위를 매겼다. 일례로 한 지역의 관리자가 1-800으로 시작되는 환자 지원 전화번호의 사용률에서 다른 지역의 점수가 훨씬 높다는 사실을 알게 되면 곧바로 점수가 높은 지역 관리자에게 전화를 걸어 어떻게 했는지 물어보았다. 그리고 그 조언을 바탕으로 자신의 시스템을 수정하고 향상시킬 방법을 찾았다.[14]

부서 벽을 넘는 혁신을 만드는 4가지 방식

조직 구성원간의 경쟁을 자극하는 긴장감을 조성할 뿐만 아니라 부서 벽을 넘는 혁신을 촉구하고 싶은 리더도 있을 것이다. 예를 들어 교차 판매를 통해 매출을 제고시키거나, 베스트 프랙티스를 공유하여 비용을 줄이거나, 신상품 개발을 촉진하고 싶을 때 부서 벽을 넘는 혁신을 촉구하는 것이 바람직하다. 창의적 긴장감을 조성하는 일은 이런 혁신에 박차를 가한다.

부서 벽을 넘는 혁신은 어떻게 창출되는가?

부서 벽을 넘는 혁신은 어떻게 해야 창출할 수 있을까? 별다른 아이디어가 없거나 미흡하다고 생각한다면 여기 소개하는 몇 가지 기법들을 적용하여 회사 전략을 뒷받침하는 데 필요한 수준의 창의적 긴장감을 조성해보기 바란다. 이제부터 부서 벽을 넘는 혁신을 창출하는 4가지 방식을 알아보도록 하자.

통제 범위보다 폭이 넓은 책임 범위를 정한다

권한과 책임은 그 영역이 같아야 한다는 것은 오래된 경영 이론 가운데 하나다. 다시 말하면, 책임 범위(평가 지표)는 통제 범위(자원)와 같아야 한다는 것이다. 이 원칙은 일견 합당해 보이지만 부서 벽을 넘는 혁신을 촉진하는 데에는 방해가 된다.

고객 관계 관리CRM 소프트웨어를 처음 개발한 시벨 시스템스Siebel Systems를 살펴보자. 시벨은 복잡한 소프트웨어를 개발하고 판매하며, 제품 설치와 고객 교육은 제휴 업체에 의존한다. 시벨의 한 사업부 수장은 이런 말을 했다. "제 업무를 하려면 영업, 컨설팅, 제휴, 기술 지원, 기업 마케팅, 현장 마케팅, 통합 마케팅 부서가 필요합니다. 그런데 이들 부서 중 어떤 곳도 내게 직접 보고하지 않습니다. 그럼에도 협업이 이루어지는 이유는 모두가 고객 만족을 가장 우선시하기 때문입니다."[15]

시벨에서는 한 명의 관리자가 고객을 행복하게 만들기 위한 모든 자원을 갖고 있지 않다. 그런데도 모든 관리자는 고객 만족에 책임을 져야 했고, 고객 만족 점수에 따라 보너스가 결정되었다. 다시 말해, 책임 범위(고객 만족)가 통제 범위(가용 자원)보다 훨씬 넓었다.

과연 이것이 말이 될까? 통제할 수 없는 일에 책임을 지우는 게 합당할까? 하지만 언뜻 무모해 보이는 이 방법이 혁신을 촉구한다. 시벨 시스템스의 관리자들은 자기 업무도 훌륭히 해내면서 고객도 만족시키기 위해서는 필요한 자원을 얻을 방법을 창의적으로 찾는 수밖에 없었다. 결국 다른 부서에 속한 사람들과 협력해야 했으며, 고객을 만족시키기 위해 혁신을 해야만 했다.

이는 특이한 사례가 아니다. 부하 직원 각자가 통제할 수 있는 자원은 한정돼 있음에도 그들에게 고객 만족이나 브랜드 매출과 같은 광범위한 평가 지표로 책임을 지우는 경영자들이 갈수록 늘고 있다. 권한 위임이 중요해진 시대, 기업가적인 행동을 장려하려면 이 방법이 가장 적합하다. 내 동료인 하워드 스티븐슨 Howard Stevenson 하버드대 교수는 이렇게 말했다. "기업가적인 행동은 개인이 현재 통제하는 자원과 상관없이 개인적으로든 조직 내에서든 기회를 적극적으로 추구하는 과정입니다."[16]

그러므로 직원들이 기업가처럼 행동하기를 바란다면, 혁신을 이루기 위해 다른 부서의 사람들과 협동하기를 바란다면, 그들의 통제 범위보다 폭넓은 책임 범위를 설정해야 한다.

모든 비용을 부서별로 할당한다

서브프라임 사태로 촉발된 금융 위기로 불안한 상황에서도 회사를 잘 이끌어 널리 인정받은 JP모건의 제이미 다이먼 회장은 혁신을 지속하기 위해 다양한 기법을 활용했다. 그가 강조했던 기법 가운데 하나는 모든 간접비를 모든 부서에 할당하는 것이었다. JP모건의 전략 마케팅 책임자인 제이 만델바움Jay Mandelbaum은 이런 말을 했다. "다이먼 회장은 법률적인 비용에서 마케팅 비용에 이르기까지 모든 간접비를 모든 부서에서 사용 정도에 따라 공동 부담해야 한다고 강조했습니다. 모든 사업이 간접비를 집행한 후에도 실질적인 이익을 창출하도록 하기 위해서였죠."[17]

나는 이 기법의 영향력을 ABB 회장이었던 퍼시 바네빅Percy Barnevik을 통해 처음 알게 되었다. 바네빅은 다이먼처럼 기업의 모든 비용은 그 비용을 소비하는 사업부문에 할당해야 한다고 주장했다. 바네빅은 여기서 한 단계 더 나아가 사업부문에 자본 비용도 할당했다. 뿐만 아니라, 감가상각을 대체 원가 평가 방식으로 계산하라고 요구했다.

일반적으로 사람들은 그런 비용 할당이 왜 중요한지 명확히 알지 못한다. 당신은 어떤 사업부가 원래 다른 부서들이 집행하던 비용을 어쩔 수 없이 함께 부담하게 된다면 어떤 일이 벌어질 것 같은가? 갑자기 이 사업부의 관리자들은 원래 다른 부서들이 하던 지출 결정에 대해 신중하게 생각하게 된다.

사업부 관리자들은 이전에는 신경 쓰지 않았던 서비스 가치 평가에 관심을 가질 것이다. 아웃소싱이나 기술 자동화와 같은 대안 찾는 논의에도 적극적으로 참여할 것이다. 벤치마크$_{benchmark}$를 이용해 비용을 비교할 수도 있다. 그 결과 그들은 일을 더 훌륭하게, 더 신속하게, 더 저렴하게 하기 위해 부서 간 협력을 어떻게 이끌어낼지 숙고하게 된다. 비용 할당이라는 압력이 없다면 아무도 이런 혁신을 고려하지 않을 것이다.

여러 부서를 아우르는 통합팀이나 프로젝트팀을 만든다

조직 구성원들이 틀을 벗어나 사고하도록 만드는 또 다른 방법은 새로운 조직 틀을 제시하는 것이다. 조직이 설계되면 자연스럽게 부서 장벽과 편안한 영역$_{comfort\ zone}$이 형성된다. 이 문제는 조직도가 생겨난 이후 계속 존재해왔다.

30여 년 전 미국 통신업체 ITT의 CEO였던 해럴드 제닌$_{Harold\ Geneen}$은 이 문제의 위험성을 이렇게 기술했다. "조직도의 각 구획은 독립적인 영역이 되어 버립니다. 그렇게 되면 각 구획의 책임자는 자신의 영역을 자기 나름의 책임감과 의무로 자기 사람들을 거느리는 자신의 영토라고 생각하죠. 아무도 조직을 전체로 생각하지 않게 됩니다. 그 결과 조직 구성원들은 '내 일은 이것뿐이고, 그 외엔 모르는 일이다'만 외칩니다."[18]

AES의 설립자 데니스 바케는 이런 경향을 막으려면 직원들이 회사에서 80퍼센트의 시간을 주요 업무에 쓰고, 나머지 20퍼센트의 시간을 특별 프로젝트에 할애해야 한다고 주장했다.[19] 바케뿐만이 아니다. 3M과 구글, GE 경영자들은 직원들이 교차 판매를 촉진할 방안을 마련하거나 업무 시스템을 합리적으로 개선하기 위해 부서간 경계를 넘어 공동의 해결안을 도출하게 만들려고 이 기법을 써왔다.

머크의 경영자였던 리처드 클락Richard Clark 역시 이 기법을 썼다. 영업, 연구 개발, 규제 업무 등에서 일하는 직원 6만 명이 서로 긴밀히 협력하여 약품 개발과 상용화에 박차를 가하게 만들기 위해서였다. 클락은 다양한 부서의 직원들에게 주요 질병 카테고리에 초점을 맞춰 의사, 환자, 보험사와 교류할 것을 요청했다. 그는 이런 말을 했다. "어떤 기업에서든 일은 이런 식으로 이루어져야 합니다. 어떻게든 직원들이 서로 협력하게 만들어야 합니다."[20]

여러 부서를 아우르는 통합팀이나 프로젝트팀을 만들면 다음과 같은 두 가지 이점이 있다. 첫째, 사람들은 다른 지역이나 다른 부서 사람들과의 상호 교류를 통해 일상의 일에서 벗어날 수 있다. 새로운 사람들의 말을 경청하고 배움으로써 지금까지와는 다른 기회를 포착하고 새로운 아이디어를 떠올릴 수 있다. 둘째, 직원들은 통합팀의 회의 자리에 자기 부서의 대표로 참가할 뿐만 아니라, 새롭게 보고 배운 다양한 아이디어와 혁신을 자기 부서에 전파할 수 있다.

매트릭스 조직을 만든다

때론 조직 구성원들에게 두 명의 상사를 배치하는 매트릭스 조직 방식도 유용하다. 일례로 두 상사 가운데 한 명은 지역 책임자, 다른 한 명은 제품 책임자로 구성할 수 있다. 물론 이렇게 두 명의 상사를 모시게 되면 서로 상충되는 우선순위 사이에서 균형을 맞출 줄 알아야 한다.

매트릭스 조직 방식은 서로 교류가 없었을 여러 부서 사이에 새로운 아이디어들이 창출하도록 유도할 수 있다. 이를 통해 문제를 해결하는 새로운 방식과 새로운 기회들이 생겨나기도 한다. HP의 CEO였던 칼리 피오리나Carly Fiorina는 관리자들의 팀워크를 장려하기 위해 매트릭스 방식을 채택했다. 그녀는 부서 관리자들이 자신이 책임지는 제품 라인에만 집중하고 회사 전체의 이익에는 그다지 신경 쓰지 않는다고 느꼈다.[21] 원래 지역별로 조직화된 기업이었던 P&G 역시 1990년대 새롭게 구축된 글로벌 제품 그룹들에도 동등한 의사 결정 권한을 주기 위해 매트릭스 조직 방식을 채택했다. P&G는 매트릭스 조직을 채택함으로써 구매와 생산, 유통을 통합하여 비용을 절감했고, 월마트 같은 대형 고객들과 보다 긴밀한 협력 관계를 형성했다. 또한 글로벌 연구 개발을 강화했고, 시장에 더 빠른 속도로

진입할 수 있게 되었다.[22]

단순함이 최고의 무기다

그런데 이런 기법들은 부작용이 하나 있다. 비용 할당, 프로젝트팀, 매트릭스 조직과 같은 기법을 적용하다 보면 복잡한 체계와 구조를 만들어낼 수 있기 때문이다. 그러므로 만약 당신이 이런 기법을 쓰기로 했다면 조직에 불필요한 관료주의가 생겨나지 않게 주의해야 한다.

여러 부서를 아우르는 통합팀을 한번 생각해보자. 조직 구성원들에게 자신의 주요 업무가 아닌 활동에 집중할 것을 강요한다면, 이는 양날의 칼과 같다. 긍정적인 측면에서 본다면, 직원들은 자신의 틀 밖에서 생각하고 혁신을 이룰 가능성이 있다. 하지만 부정적인 측면에서 본다면, 안건을 해결하기 위해 다양한 사람들이 모여야 되기에 의사 결정 과정이 복잡해지고 속도도 늦어질 수 있다.

존 체임버스John Chambers 시스코Cisco 회장은 이러한 갈등 상황에 직면해 있었다. 체임버스는 조직에 '모든 직원이 불편해지는' 창의적 긴장감을 조성하기 위하여 위원회 조직을 구축했다. 이에 임원 750명은 자신이 일하는 시간 가운데 30퍼센트의 시간을 주요 업무가 아닌 위원회 프로젝트에 할애해야 했다. 50개가 넘는 위원회들은 새로운 사업 기회를 검토하고 사업부를 넘나드는 프로젝트를 승인하는 일을 했다. 하지만 이렇게 복잡한 체계에 따른 부작용도 발생했다. 임원들은 자신의 주 업무와 상관없는 회의에 상당한 시간을 소비해야 했다. 고객에게 영향을 끼치는 핵심 의사 결정이 점점 늦어지게 되었고, 좀 더 신속하게 행동하는 HP와 같은 경쟁사가 이득을 본다는 보고가 체임버스에게 올라왔다.[23]

너무 많은 위원회와 이중 보고로 복잡하지 않는가?

물론 위원회를 구성하고 두 명의 상사를 배치함으로써 다양한 시각을 수용하여 혁신을 이룰 수도 있다. 하지만 의사 결정 참여자가 너무 많으면 결정에 방해가 되기도 한다. P&G의 글로벌 제품 관리자들은 신상품을 재빨리 출시하고 싶어 했지만, 관련 지역의 책임자로부터 승인을 받아야 했다. P&G의 많은 직원들은 새로운 매트릭스 구조로 인해 의사 결정 속도를 둔화시키는 거부권 행사자들이 너무 많아졌다고 믿었다. 이러한 의구심을 뒷받침이라도 하듯 시장 점유율과 수익률이 계속 떨어졌다. 저조한 성과로 압력을 받은 더크 제이거 Durk Jager 회장이 사임한 후 2005년에 가서야 P&G는 매트릭스 구조를 버리고 글로벌 사업부 중심 구조로 전환했다.[24]

이렇듯 매트릭스 조직을 채택한 대부분의 기업이 결국엔 이를 해체한다. 칼리 피오리나의 후임으로 HP 최고 경영자가 된 마크 허드

Mark Hurd 역시 매트릭스 조직 구조를 해체했다. 의사 결정의 속도를 높이고 책임 부여를 강화하기 위해서였다.

이처럼 매트릭스 조직은 조직에 혁신 바람을 불러일으키는 유용한 방안이긴 하지만, 어떻게 활용하느냐에 따라 오히려 성과를 저해하는 요소가 될 수 있다. 그렇게 되는 결정적인 이유는 바로 너무 복잡하게 얽히기 때문이다. 당신의 조직도 너무 많은 위원회와 이중 보고로 복잡하지는 않는지 고민해보기 바란다. 매트릭스 조직이 효과를 보려면 그에 맞는 조직 설계와 뛰어난 리더십이 필요하다.[25]

지금까지 여러 기법들을 소개하였다. 당신은 이 기법들을 살펴보면서 회사에 혁신을 일으키기 위해 충분한 노력을 기울였다는 생각이 드는가? 당신의 회사에 창의적 긴장감이 얼마나 조성되었는가? 직원들은 긴장의 끈을 놓지 않고 있는가? 아니면 현실에 안주하며 편안함에 빠져 있는 편인가?

사람들을 자신들이 편안함을 느끼는 영역에서 밀어내는 것은 쉽지 않은 일이다. 그렇더라도 리더는 '혁신 촉구'를 위해 여기에 소개된 불편한 기법들을 이용하여 조직의 관성에 맞서야 한다.

하지만 이 기법들에 내재된 위험성도 인식하고 있어야 한다. 창의적 긴장감은 잘못 조성될 경우 불안과 두려움, 지름길로 가고 싶은 유혹을 일으킬 수 있다. 따라서 이 기법들을 이용하려면 다음의 3가지가 반드시 선행되어야 한다. 그래야 당신이 조성하는 긴장감이 생산적이고 건전하게 작용할 수 있다.

첫째, 조직의 핵심 가치를 확고하게 정해야 한다(chapter 2 참조). 직원들은 자신에게 주어진 최소한의 책임 수준을 인식해야 하며, 우선순위에 따라 어려운 결정을 내리는 방법을 알고 있어야 한다.

둘째, 전략적 통제 경계를 명료하게 설정해야 한다(chapter 4 참조). 그래야 직원들은 만만치 않은 목표를 달성하는 과정에서 허용되지 않는 행동과 그 결과를 분명하게 인지할 수 있다.

셋째, 직원들이 부서를 넘나들며 서로의 성공을 돕도록 환경을 조성해야 한다. 당신이 직원들에게 현재의 틀에서 벗어난 사고를 통해 혁신하도록 요구하려면 먼저 기꺼이 협력하려는 분위기를 만들어야 한다.

그럼 어떻게 그런 환경을 조성할 수 있을까? Chapter 6에서 그에 대한 해답을 찾아보기로 하자.

> 조직 최상위 계층에 있는 사람들은
> **여러 가지 특전을 누리죠.**
> 그러면서 비용을 줄이고
> 수익성을 높이라는 요구에
> 직원들이 왜 움직이지 않는지
> 의아해합니다.
>
> – 켄 아이버슨, 뉴코 전(前) 회장

CHAPTER 6

조직 구성원들은
서로 돕기 위해
얼마나 헌신하고 있는가?

11월의 어느 쌀쌀하고 청명한 아침, 사우스웨스트 항공의 WN 9편이 휴스턴의 하비 공항에 착륙했다. 브리튼 기장은 항공기에서 내려야 할 우편물과 화물이 상당히 많다는 사실을 지상 근무원들에게 미리 알려주었다.

  게이트 직원들이 재빨리 제자리를 찾는 사이 브리튼 기장은 힘차게 브레이크를 걸고 스포일러를 펼친 후에 엔진 추력의 방향을 바꾸었다. 배정받은 주기장으로 급선회하기 위해선 속도를 가능한 한 빨리 줄이는 것이 중요했다.

  비행기가 게이트에 도착하자 바퀴가 고정되고 모든 일이 일사천리로 진행되었다. 출입문 자물쇠가 열리고 탑승교가 제자리에 위치하자, 수하물 담당자들이 짐들을 대기 중이던 카트에 담았다. 승객들이 비행기에서 내렸다. 청소부가 기내로 들어가기도 전에 승무원들은 재빨리 통로로 가서 각 좌석을 청소했다.

  브리튼 기장은 앞쪽 화물칸으로 가서 수하물 담당자가 우편물과 수하물을 내리는 작업을 도왔다. 그사이 새로운 승객들이 탑승하기 시작했다. 새로운 승무원들이 출발 점검 사항을 확인하는 동안 게이트 직원들은 도울 것이 없는지 물었다.

비행기가 도착한 지 15분도 되지 않아 다시 승객들을 태우고 게이트에서 멀어졌다. 기장이 이륙을 위해 활주로를 천천히 달리는 동안 승무원들은 안전 시범을 보였다.[1]

휴스턴 시내의 50층짜리 오피스 타워에서 엔론의 에너지 트레이더들은 에너지 자원과 관련한 현물 및 선물을 거래하느라 분주했다. 앞서 엔론은 새로운 트레이더 자리가 5개 났다고 공표했는데, 이 자리를 차지하기 위한 경쟁이 치열했었다. 새로운 트레이더에겐 경력 많은 항공기 조종사 수준의 봉급에 상당한 보너스도 지급될 예정이었다.

엔론에서 개인의 보너스는 사업부의 수익과 각 개인이 사업부에 공헌한 순위에 따라 책정되었다. 직원들은 수익을 더 많이 창출하는 사업부로 이동하려고 애쓰느라 많은 시간을 보냈다. 보너스 시즌이 끝날 때마다 주차장엔 번쩍거리는 포르쉐와 BMW가 즐비했다.

엔론에는 오직 돈만을 목적으로 삼는 이기적인 문화가 만연했다. 그곳의 한 직원은 이런 말을 했다. "한 트레이더가 자기 보너스가 50만 달러 밖에 안 된다며 발악하던 모습이 기억나요. 욕하고 소리 지르며 자기 책상의 물건들을 집어던졌어요. 자신이 워낙 뛰어난 사람이라 회사가 보너스를 더 줘야 한다고 생각했죠."[2]

엔론의 트레이더들은 앉아서 일하는 동안에는 어느 누구의 방해도 받지 않았다. 하지만 그들 사이에 방해 행위는 흔하게 일어났다. 트레이더들은 화장실에 갈 때 컴퓨터 화면을 잠가야 한다는 점을 잊지 말아야 했다. 그렇지 않으면 누군가가 자신의 거래 건을 가져가거나 거래 포지션을 안 좋게 바꾸어버릴 가능성이 있었다.[3] 한 직원은 이렇게 말했다. "직원들은 서로 절대 돕지 않았어요. 모두 자기 잇속만 챙겼어요. 누군가의 뒤통수를 치는 일이 흔히 일어났지요." 당시 엔론의 직원이었던 다이애나 피터스는 그때 회사가 어땠는지 이렇게 설명했다. "회사는 젊고 유능한 사람들을 데려와 단물만 쏙 빼먹고 버리는 식이었어요."[4]

사우스웨스트 항공과 엔론의 차이

사우스웨스트 항공과 엔론은 여러 가지 면에서 서로 다르다. 그런데 업계 특성의 차이만으로는 설명되지 않는 게 하나 있다. 바로 리더십의 차이다. 사우스웨스트 항공에선 CEO에서 일선 직원에 이르기까지 모든 구성원이 상대의 성공을 위해 서로 돕는다. 이와 달리 엔론에선 사리사욕이 당연하게 여겨졌고 사내 전반에 이기주의가 만연했다.

회사의 특성이 어떠하든 리더는 사우스웨스트 항공과 엔론 사이에서 선택해야 한다. 리더는 자신의 회사가 어떤 유형의 헌신을 필요로 하는지 결정해야 한다. 그리고 조직 구성원들이 그런 방향으로 헌신하도록 리더십을 발휘해야 한다. 바로 '헌신하는 분위기 구축'이 여섯 번째 실행 과제다. 올바른 방향으로 구축한다면 엄청난 힘을 불러일으키게 되지만, 그릇된 방향으로 구축한다면 회사의 모든 전략이 수포로 돌아갈 가능성이 높다.

> 조직 구성원들은 서로 돕기 위해 얼마나 헌신하고 있는가?

당신의 회사는 사우스웨스트 항공과 엔론 중 어느 쪽에 속하는가? 당신 회사의 직원들은 서로 돕기 위해 얼마나 헌신하고 있는가? 이 질문은 '헌신하는 분위기 구축'이라는 여섯 번째 과제를 제대로 실행하고 있는지 알기 위해 묻는 질문이다.

사실 회사 전략을 뒷받침하기 위해 어떤 유형의 헌신이 필요한지 결정할 사람은 리더밖에 없다. 어떤 경영자들은 개인의 이익과 개인별 보상을 중요하게 여긴다. 때로는 이것이 올바른 방법일 때가 있다. 예를 들어, 소규모 부티크 투자은행의 경영자라면 최고의 영업 실적을 낸 직원에게 회사 수익에 대한 공헌도만 기준으로 삼아 수백만 달러의 보너스를 지급하기로 결정할 수 있다. '자기가 달성한 성과만큼 수익을 가져간다'는 원칙이 강조되는 회사에선 협력이 중요하지 않다.

일반적으로 직원들이 방해받지 않고 특정 업무에 집중하기를 바라거나, 직원들에게 수익을 챙기는 기회를 줌으로써 동기를 부여하려 한다면 개인의 이익을 중심으로 보상해주는 것이 바람직하다. 채권이나 에너지 선물 등을 다루는 거래소 책상이나 텔레마케팅 콜 센터의 칸막이 책상에선 각자 돈을 벌기 위해 자기 할 일을 알아서 한다.

하지만 이 방식을 쓸 때에는 신중하게 접근할 필요가 있다. 당신이 개인의 이익을 중요하게 여기는 방향으로 선택했다면 핵심 가치와 전략적 경계가 사적인 이익 추구를 남용하려는 욕심을 막아줄 만큼 확고하게 자리잡고 있어야 한다. 자신의 회사를 엔론처럼 만들고 싶은 리더는 없을 것이다. Chapter 2에서 논의했듯이 핵심 가치를 통해 다른 이해관계자에게 해가 되지 않는 수준에서 최소한의 책임이 명시되어야 한다. 이와 더불어 전략적 경계를 통해 해고에 이르게 하는 행동 유형이 명시되어야 한다.

물론 대부분의 기업에서는 개인의 이익을 가장 중요하게 여기지 않는다. 고객과의 관계가 중요한 업체나 생산 기술이 복잡한 업체를 운영하고 있다면, 직원들이 공동의 목표를 달성하기 위해 서로 협력하기를 바랄 것이다. 사우스웨스트 항공의 업계를 선도하는 '10분 회전'도 조종사에서 수하물 담당자에 이르기까지 모든 직원이 서로 협력하지 않았다면 불가능했을 것이다.

그러므로 당신이 조직 내에 서로의 성공을 돕기 위해 협력하는 분위기를 조성하고 싶다면, 서로 상충되는 이해관계 사이에서 균형을 잘 잡아야 한다. Chapter 5에서 언급했듯이 공격적 목표 설정과 개인과 팀별 순위 책정은 직원들이 창의적으로 생각하고 행동하도록 동기를 부여하기 위해 만들어졌다. 하지만 이런 기법은 상황의 한 측면만을 나타낸 것이다. 리더는 조직 구성원들이 협력이 필요할 때 서로 기꺼이 돕는 분위기도 조성해야 한다. 즉, 리더라면 조직 구성원들이 각자 최고의 성과를 내기 위해 자기 자신과도 경쟁하고 동료와도 경쟁할 뿐만 아니라, 공동의 목표를 달성하기 위해 서로 협력하도록 만들어야 한다.

이렇듯 협력에 헌신하는 분위기를 조성하려면 리더십뿐만 아니라 인간 본성에 대한 이해도 필요하다. 뉴코의 CEO였던 켄 아이버슨(Ken Iverson)은 이런 말을 했다. "모든 경영자는 어느 정도 심리학자가 되어야 합니다. 직원들의 행동을 끌어내는 동인은 무엇이며, 직원들이 무엇을 원하고 필요로 하는지 알아야 하는데, 그 대부분이 그들의 잠재의식 속에 있기 때문입니다."[5]

만약 리더가 직원들에게 동기를 부여하는 방법을 제대로 이해하지 못한다면 A를 바라면서 B를 보상하는 이상한 결과가 발생할 수 있다.[6] 즉, 직원들이 서로 기꺼이 돕기를 기대하는데 정작 회사의 보상체계는 협력 구축과 관련이 없는 행동을 하게 만드는 동기 부여제가 될 수 있다는 말이다.

당신만의 동기 부여 이론을 가지고 있는가?

조직 구성원들이 자기 일에든 동료와의 협업이든 헌신할 수 있는 분위기를 구축하는 첫 단계는 리더가 자기 나름의 동기 부여 이론을 명료하게 정하는 것이다.

대학생 때 나는 더글러스 맥그리거Douglas McGregor MIT 교수가 쓴《기업의 인간적 측면The Human Side of Enterprise》을 읽고 큰 감명을 받았다.[7] 맥그리거는 이 책에서 동기 부여 이론인 X이론과 Y이론을 서로 비교했다. X이론은 상의하달 방식의 지시와 통제에 의존하는 경영을 뒷받침하는 이론이다. X이론에서는 사람들이 일을 싫어하며 가능한 피하려 한다고 가정한다. 이에 따르면, 직원들에게 조직의 목표를 달성하도록 동기를 부여하기 위해선 외적인 보상과 처벌 위협이 필요하다. 이와 대조적으로 Y이론에서는 일이 만족의 원천이 될 수 있다고 가정한다. Y이론에 따르면 개인적 성과와 자존감 같은 내적 보상이 조직의 목표에 헌신하게 하는 원동력이 된다.

맥그리거의 이론을 토대로 볼 때 개인의 이익을 기반으로 한 조직을 만들고 싶다면 X이론을 따르는 것이 적절하다. 돈을 성과와 연계시킴으로써 조직 구성원들은 약속된 보상을 받으려고 헌신하게 된다. 이는 심리학자 버러스 스키너Burrhus F. Skinner의 상자 실험을 경영에 적용한 것이다. 이 실험을 통해 스키너는 쥐들이 예측 가능한 보상을 기대하며 특정한 행동을 하도록 훈련될 수 있음을 보여주었다. 스키너 이론을 따른다면 보너스를 이용해 성과에 따른 보상을 해주고 성과를 못낸 직원에게는 보너스를 주지 않는 것이 맞다. 엔론의 회장이었던 켄 레이Ken Lay는 이런 말을 했다. "각 사업부 단위로 개인별 보상을 해주는 것은 우리 조직 문화의 중요한 부분입니다. 이에 따라 우리는 상당한 규모로 성과급을 지급하고 있습니다."[8]

　자본주의 사회에서 돈이란 언제나 중요하다. 하지만 인간의 본성을 좀 더 긍정적인 관점으로 보는 사람들도 있다. 이들은 돈 이외에 다른 요소들도 중요하다고 믿는다. 메리케이 화장품 경영진은 주부와 회사원으로 구성된 2백만 명의 뷰티 컨설턴트들에게는 STORM으로 표현되는 5가지 요소가 동기를 부여한다고 믿는다. 머리글자를 따서 만든 STORM은 다음과 같다.

S Satisfaction 과업 완수에 대한 만족감(자부심)

T Teamwork 팀워크(소속감)

O Opportunity 성공 기회

R Recognition 인정

M Money 돈

메리케이 경영진은 직원들에게 5가지 동기 부여 요소인 STORM을 제공하기 위해 지속적으로 노력한다. 정기적으로 교육 기회와 홍보 판촉 지원책을 제공하고(성공 기회), 다양한 행사와 콘퍼런스를 개최하며(자부심), 영업 조직 활동과 주간 회의를 장려하고(팀워크), 수시로 인정해주고 표창장을 수여하며(인정), 재무적인 성과급을 지급한다(돈).

물론 여기에도 돈이 포함되어 있지만 돈이 전부는 아니다. 메리케이 화장품의 설립자 메리 케이 애시Mary Kay Ash는 자신의 동기 부여 이론을 설명하면서 이런 말을 했다. "5달러 가치가 있는 리본 훈장과 함께 20달러 가치가 있는 인정의 말을 해주는 것이 25달러 상금보다 더 가치가 있습니다."[9]

메리케이 경영진 사례를 떠올리며 리더인 당신에게 다음의 질문을 던져보고 싶다. 당신은 당신만의 동기 부여 이론을 가지고 있는가? 당신은 직원들을 회사 목표 달성에 헌신하게 만드는 동기 부여 요소가 무엇이라고 믿는가? 사실 모든 리더에겐 동기 부여와 관련한 나름의 원칙이 있다. 하지만 그것을 논의하거나 명료하게 공개하는 리더는 드물다. 리더 스스로 자신만의 동기 부여 이론을 정했다면 그 다음에 할 일은 그것을 적용하기 위해 얼마나 노력했는지 평가하는 것이다.

> 당신만의 동기 부여 이론을 가지고 있는가?

협력하는 문화를 조성하는데 필요한 4가지 요소

동기 부여 이론과 전략이 돈과 개인의 이익을 기반으로 한다면 당신이 할 일은 비교적 쉽다. 하지만 당신의 전략이 직원들의 협력을 기반으로 한다면 어떻게 해야 할까? 직원들을 서로 돕게 만드는 데 돈을 동기 부여 요소로 이용할 수 있을까? 존 체임버스 시스코 회장은 자신이 했던 방식을 이렇게 설명했다. "나는 직원들이 친하지 않은 직원들과 함께 일하게 만들었고 여러 가지 방법으로 서로 협력하게 유도했습니다. 상여금도 개인의 성과가 아닌 협업 역량에 따라 지급했죠. 이 방침을 적용한 첫 해 고위 임원 두 명이 보너스를 받지 못했습니다. 그러자 그들은 협업하는 방법을 재빨리 배웠습니다."[10]

그런데 이 방식을 오래 유지하기란 쉽지 않다. 직원들은 단기적으로는 보상과 처벌에 반응할 것이다. 하지만 직원들의 적극적인 헌신을 끌어내지는 못한다. 직원들의 반응은 단순히 자극에 대한 반응으로 볼 수 있다. 상여금을 지급하지 않는다는 경고와 끊임없는 감시가 없다면 사람들은 예전 습관으로 돌아가기 마련이다.

그러므로 조직 구성원들이 협력하는 문화를 조성하고 싶다면 다른 방식을 써야 한다. 군대 지도자들은 이런 접근법을 잘 이해한다. 그들은 켄 아이버슨이 언급했던 심리적 원리에 근거하여 신중하게 설계된 훈련에 상당한 시간을 투자한다. 이러한 투자에는 다 그럴만한 이유가 있다. 미 해병대를 생각해보자. 생명을 위협받는 전투 상황에서 모든 병사들은 자신이 곤경에 빠지면 동료 병사가 도움을 주러 오리라는 믿음을 갖는 것이 상당히 중요하다. 군인은 나라를 위해 죽는 것이 아니라 전장에서 옆에 있는 전우를 돕다가 죽는다는 말도 있지 않은가. 그러므로 군대 지도자들은 협력 수준이 높은 조직을 만들려면 다음의 4가지 특성이 갖추어져야 한다는 점을 안다. 바로 목적에 기반을 둔 자부심, 조직과의 일체화, 동료에 대한 신뢰, 누구에게나 적용되는 공평성이다.

당신도 이런 접근법을 쓸 수 있다. 지금부터 사우스웨스트 항공과 뉴코를 예로 들어 구체적으로 살펴보고자 한다. 사우스웨스트는 오늘날 미국에서 가장 성공한 항공사로 잘 알려져 있다. 텍사스의 신생 업체에서 시작하여 40여 년 연속 수익을 내는 항공사가 되었다. 뿐만 아니라 승객 수도 가장 많으며, 미국의 다른 대형 항공사 여섯 곳을 합한 것보다 더 큰 시장 가치를 지니고 있다. 뉴코 역시 철강업계에 혁신을 일으키며 업계를 선도하고 있다. 고리타분한 철강 회사를 모범 사례로 든 것을 의아하게 여기는 사람도 있을 것이다. 하지만 성급한 판단을 하기 전에 2006년 〈비즈니스위크BusinessWeek〉지에 실린 다음 기사를 살펴보자.

뉴코는 업계에서 가장 역동적이고 열정적인 인력을 육성해왔다.

11,300명의 직원들은 자신을 상사의 지시를 기다리기만 하는 일벌 worker bee로 생각하지 않는다. 수평적인 조직 구조와 현장 일선에 권한을 위임하는 문화로 뉴코의 직원들은 주인 의식을 가지고 있다. 이것이 뉴코가 수익을 내는 비결이었다. 뉴코는 지난 5년 동안 387퍼센트의 주주 수익률을 기록했다. 이는 신경제의 아이콘인 아마존, 스타벅스, 이베이eBay를 포함하여 S&P 500 지수에 들어가는 여느 기업과 비교해 봐도 높은 수치다. 지금도 뉴코는 성장세를 유지하면서 이익을 창출하고 있다. 2000년에 7퍼센트였던 이익률이 작년에는 10퍼센트에 달했다.[11]

그럼 이제 직원들이 서로 협력하는 문화를 조성하기 위해 어떻게 해야 하는지 살펴보자. 물론 다음에 나온 내용을 읽어가며 당신은 이들을 얼마나 적용해 보았는지 자문해보기 바란다.

목적에 기반을 둔 자부심

조직 구성원들은 조직의 사명과 거창한 목표에 자부심을 느낄 때 조직의 성공을 위해 헌신한다. 여기에는 다른 구성원이 업무를 잘 하도록 돕는 일도 포함된다.

많은 정예 전투 부대가 그렇듯이, 해병대는 목적에 기반을 둔 자부심을 고취시키기 위해 그들만의 사명과 역사를 강조한다. 모든 해병대원은 전설적인 역사를 지닌 해병대의 결의를 표현하는 '언제나 충성한다Always Faithful'와 '제일 먼저 싸운다First to Fight'라는 구호에 자부심을 느낀다.

　기업에서도 목적에 기반을 둔 자부심을 활용할 수 있다. 사우스웨스트 항공의 직원들은 다윗과 골리앗의 싸움처럼 대형 항공사들을 제치고 선두에 섰다는 사실에 크나큰 자부심을 느낀다. 이들의 모토는 '우리는 미국인에게 비행할 자유를 제공한다'이다. 마찬가지로 뉴코도 처음에는 무명의 철강업체였지만 베들레헴 스틸Bethlehem Steel 같은 대형 경쟁사들을 앞서는 업체가 되었다. 뉴코의 회장이었던 아이버슨은 성공한 기업의 일원이라는 직원들의 자부심에 대해 이렇게 말했다. "우리는 높은 대의를 공유하고 있습니다."

　이렇듯 기업들은 자부심을 표현하기 위해 간단한 모토를 활용한다. 머크의 '환자 최우선'과 아마존의 '전 세계 가장 고객 중심적인 기업'이라는 모토는 직원들에게 자부심을 심어주기 위해 고안되었다. '암을 제거하고, 생명을 살리며, 고통을 줄인다'는 미국 암협회의 사명도 마찬가지다. 이 협회의 한 경영자는 이런 말을 했다. "우리는 우리가 의미 있는 변화를 만들고 있음을 확인하자, 바로 이 사실이 궁극적인 동기 부여 요인이 되었습니다."[12]

조직과의 일체화

정예 조직에 속해있을 때 구성원은 자부심을 느낀다. 이런 자부심이 있는 사람은 조직의 다른 사람들에게도 책임감을 느낀다. 해병대원들이 가장 먼저 충성심을 보여야 할 대상은 자신이 속한 부대이기 때문에 어떤 상황에서든 부대원을 먼저 돕는다. 해병대원은 자신이 정예 조직의 구성원이라는 사실을 항상 상기하고 있다. 그래서 해병대의 슬로건이 바로 '소수의 자부심 The Few. The Proud.'이다.

미 육군 레인저 부대에는 '나는 절대 전우를 적에게 남겨두지 않는다'라는 신조가 있다. 이런 조직이라면 속하고 싶은 생각이 들지 않겠는가? 이런 바람은 협력을 유도하는 강력한 동기 부여 요소가 된다. 소속 부대와 동료들을 돕고 싶은 바람은 강력하면서도 단호한 영향을 발휘한다.

기업에도 이런 정예주의를 적용할 수 있다. 사우스웨스트 항공은 연간 10만 명의 지원자 가운데 채 2퍼센트도 안 되게 채용한다. 한 관계자는 사우스웨스트 항공에 입사하기가 하버드대에 합격하기보다 더 어렵다는 말을 하기도 했다.[13] 사우스웨스트 직원들은 어려운 채용 과정을 거쳐 엘리트 조직에 속하게 된 것에 자부심을 느낀다. 물론 사우스웨스트는 이렇게 자신을 회사와 동일시하는 직원들의 태도를 좀 더 강화하기 위해 직원들을 채용 결정 과정에 참여시킨다. 다양한 부서의 직원들은 면접에 참여하여 적절치 않다고 생각하는 지원자들을 걸러낸다.

뉴코의 직원들도 자신들을 특별한 조직의 일원이라고 생각한다. 뉴코 사우스캐롤라이나 공장에서 채용 공고를 지역 신문에 내자 공장으로 가는 도로를 막을 정도로 지원자들의 줄이 길게 늘어섰다. 이에 공장장은 직접 경찰서에 전화를 걸어 도로 혼잡을 해결해달라고 도움을 청했다. 그런데 그 경찰서로부터 황당한 답변을 들었다. 세 명의 경찰이 뉴코 채용 면접에 지원하느라 일손이 부족해 어렵다고 답한 것이었다.[14]

동료에 대한 신뢰

동료를 신뢰하면 동료를 위해 기꺼이 위험을 감수한다. 개인적인 정보나 비밀 정보도 공유하며 동료를 지지하기 위해 자신의 명성이 위태로워지는 일도 마다하지 않는다. 동료를 신뢰하면 동료에게 한 행동 때문에 나중에 자신이 괴로워질 일은 없을 거라고 확신하게 된다. 반대로 말하면, 동료를 신뢰하지 못할 때에는 동료를 기꺼이 도우려 하지 않는다.

해병대에서 동료에 대한 궁극적인 신뢰란 죽을 수도 있는 위험한 곳으로 나아갈 때 동료가 뒤에서 나를 지켜준다는 믿음이다. 해병대원은 동료가 목숨을 걸고서라도 자신을 보호해줄 거라는 신뢰를 가지고 위험을 감수한다.

물론 기업에서 해병대와 같은 신뢰를 기대할 수는 없지만, 원칙은 똑같이 적용할 수 있다. 경영진은 일상적인 업무 속에서도 직원들의 신뢰를 얻을 수 있다. 일례로 뉴코의 경영진은 여느 업체와 마찬가지로 직원들에게 효율성 개선을 위한 혁신 방안을 제안하도록 장려한다. 그런데 대개의 기업들은 효율성이 증대되면 생산 목표를 다시 조정하고는 직원들에게 똑같은 보수를 주면서 생산량을 더 늘릴 것을 주문한다. 그럼 누가 혁신 방안을 내놓으려고 하겠는가? 하지만 뉴코의 경영진은 그렇게 하지 않았다. 직원들의 제안 덕분에 효율성이 증대되어 절감된 자금을 상한선을 정하지 않고 직원들과 공유했다. 그 결과 직원들과 경영진 사이에 공동의 목표를 향해 함께 협력하는 신뢰 관계가 구축되었다.

누구에게나 적용되는 공평성

협력하는 분위기를 조성하기 위한 마지막 요건은 공평성이다. 만일 당신이 동료를 발 벗고 도와주었는데 그 동료만 상여금을 받고 당신은 못 받는다면 다시 도와주고 싶겠는가?

급여에 차별을 두는 것은 공평성에 어긋난다. 급여일에 승리자와 실패자가 두드러지게 나타난다면 직원들은 서로 협력하지 않을 것이다. 이런 이유로 해병대에선 급여 체계가 수평적이다. 모두가 상대방의 급여 수준을 알며 별 차이도 없다.

사실 급여의 불공평은 쉽게 수정할 수 있다. 문제는 특전이다. 급여 차이보다 더 은밀하게 영향을 미친다. 너무 많은 특전이 특정인들에게만 제공되면 조직의 공평성을 논하기 어려워진다.

뉴코의 아이버슨은 이런 말을 했다. "고급 사무실, 경영진 전용 주차장, 전용기, 리무진, 일등석, 호화 리조트 회의, 경영진 전용 식당. 이런 것들이 위험합니다. 조직 최상위 계층에 있는 사람들은 여러 가지 특전을 누리죠. 일하는 직원들에게 특전을 과시하기도 합니다. 그러면서 비용을 줄이고 수익성을 높이라는 요구에 직원들이 왜 움직이지 않는지 의아해합니다."[15]

사우스웨스트 경영진은 이런 요소들을 경계하여 댈러스 공항에 인접한 작은 사무실에서 일한다. 업계의 한 관계자가 그들의 사무실을 건물 관리인실보다 조금 더 좋은 정도라고 묘사할 정도로 사치와는 거리가 멀었다.[16] IBM을 창립한 전설적인 회장 톰 왓슨Tom Watson은 30년이라는 재임 기간 동안 IBM을 세계 초일류기업으로 성장시킨 인물이다. 그 역시 이와 같은 이유로 모든 경영자와 관리자들에게 사무실 문과 책상에서 직함 명판을 떼도록 했으며, 경영진 전용 주차장도 없애버렸다.

장교는 제일 마지막에 식사한다

지금까지 협력하는 문화를 조성하기 위해 필요한 4가지 요소를 살펴보았다. 리더인 당신은 직원들이 서로 협력하는 문화를 조성하기 위해 어떤 노력을 기울였는가? 지금까지 살펴본 4가지 요소를 중심으로 고민해보기 바란다. 직원들에게 목적에 기반을 둔 자부심을 고양시키기 위해 무엇을 했는지, 자신들이 선택된 집단에 속해있다고 느끼게 해주었는지, 직원들이 신뢰하는 리더인지, 당신도 직원들을 신뢰하고 있는지, 이익을 나눌 때 공평무사하게 처리했는지 말이다. 미 해병대에 '장교는 제일 마지막에 식사한다 Officers eat last'라는 말이 괜히 있는 게 아니다.

다시 한번 더 이 질문들에 대답해보기 바란다. 당신은 앞서 말한 4가지 요소 중 어떤 것을 실행하고 있는가? 모두가 책임을 공유하는 분위기를 어떻게 조성하고 있는가? 직원들이 서로 협력하는 분위기를 조성하는데 방해가 되는 요소는 무엇인가? 사우스웨스트 항공과 뉴코와 비교해 볼 때 무엇이 문제라고 생각하는가? 장교는 제일 마지막에 식사한다는 말에 대해 당신은 어떻게 생각하는가?

> 모두가 책임을 공유하는 분위기를 어떻게 조성하는가?

협력과 보상을 어떻게 연계시켜야 할까?

사적인 이익에 따라 동기를 부여하려면 보상을 이용하는 것이 손쉬운 방법이다. 결과에 상응하여 보상을 해주는 것이다. 하지만 동료를 돕는 데 헌신하는 일과 보상 사이의 상호 작용은 좀 더 복잡하다. 이 부분에서는 두 가지 문제를 고려해 보아야 한다. 하나는 팀 성과에 대한 보상이며, 또 하나는 직원들 간의 소득 격차이다.

팀 성과에 대한 보상

팀 성과에 대한 보상은 직원들이 팀 내에서 서로 돕는 문화를 형성하는 간단하고 효과적인 방법이 될 수 있다. 사우스웨스트 항공은 운항 시간이 아니라 운항 횟수에 근거하여 기장과 승무원의 급여를 책정한다. 이는 모든 직원이 게이트에서 비행기 회전 시간을 줄이려고 협력하게 만드는 동인이 된다.[17] 사우스웨스트의 모든 직원은 자신이 개인이 아니라 팀원으로서 성과를 창출한다는 것을 잘 알고 있다.

뉴코의 직원들은 일별 팀 생산량을 기준으로 보너스를 받는다. 공장 직원들의 기본 급여는 업계 평균보다 낮지만, 보너스는 상한선이 없어 기본 급여의 3배까지 지급되는 경우도 흔하다.

아이버슨은 이렇게 설명했다. "각 작업팀은 기준치를 넘기겠다는 목표를 설정하고 이것을 이루려고 열심히 일합니다. 그들에게 동기를 부여하는 것은 생산을 더 많이 할수록 돈을 더 많이 벌 수 있다는 사실입니다. 회사에 대한 그들의 이해관계는 단순하죠. 그들은 성공한 기업가들이 대부분 그렇듯 열정적이고, 에너지 넘치며, 자기 일에 완전히 몰입합니다."[18]

성과에 대한 압박과 일을 제대로 해야 한다는 부담감이 심하지만, 이런 부담감도 팀 전체가 느끼는 것이다. 만일 제3자가 뉴코 공장에 간다면 누가 상사인지 분별하기란 쉽지 않다. 상사도 부하직원들과 똑같은 액수의 보너스를 받기 때문에 그들은 팀 목표를 초과 달성하기 위해 기꺼이 서로 협력한다.

이런 보상 원칙은 뉴코의 관리자들과 경영진에게도 똑같이 적용된다. 그들은 실적이 좋은 해의 이익과 실적이 저조한 해의 손실을 똑같이 분담한다. 어떤 위치에서든 기본 급여는 업계 평균보다 낮지만 보너스는 업계 평균보다 높다. 부문 책임자들은 총자산수익률에 근거해, 경영진은 자기자본수익률에 근거해 보너스를 받는다.

스톡옵션 형태의 주식 소유권 역시 공동의 목표에 집중하게 만드는 효과적인 동기 부여제가 될 수 있다. 사우스웨스트 항공의 모든 직원은 스톡옵션을 받으며 언제든지 원하는 때에 그것을 팔 수 있다. 사우스웨스트 회장을 지냈던 짐 파커Jim Parker는 이런 말을 했다. "스톡옵션을 지금 당장 팔 수 없다면 그것을 소유하지 않은 것과 마찬가지입니다."[19]

이렇게 자유롭게 팔 수 있다는 철학은 AIG와 시티그룹에서 고수한 원칙과 상반된다. AIG의 CEO였던 행크 그린버그는 좋은 성과를 내는 직원들에게 상당한 스톡그랜트를 제공했지만 주식을 그대로 보유하고 있을 것을 요구했다.[20] 시티그룹의 CEO였던 샌디 웨일도 관리자들에게 주식을 제공했지만 그것을 파는 것은 금지시켰다. 샌디 웨일의 뒤를 이은 척 프린스는 전임자의 보상 철학을 이렇게 묘사했다. "여기에 담긴 논리는 분명했습니다. 배가 침몰하면 탑승자도 배와 운명을 같이해야 한다는 것입니다."[21]

조직 구성원들 간의 소득 격차 개선

불평등한 소득에 분개할 때야말로 동료를 돕고 싶은 마음이 가장 빠르게 사라져 버리는 시기다. 직원들은 누군가가 불공평하게 다른 사람들이 희생한 대가로 보상을 받는다면 분개한다. 이런 감정으로는 협력하고 싶은 마음은 내키지 않을 것이다. 앞서 묘사했던 엔론 트레이더처럼 말이다. 다임러크라이슬러라는 거대 합병 기업이 실패한 주원인은 임금 체계에 대한 직원들의 분개였다. 이 합병은 두 기업의 지식을 공유하여 제품 플랫폼에 시너지 효과를 내기 위한 목적으로 성사되었다. 하지만 합병이 이루어지기 전 해인 1997년 크라이슬러Chrysler 회장이던 밥 이튼은 천 6백만 달러를, 다임러 벤츠Daimler-Benz 회장이던 위르겐 쉬렘프Jurgen Schrempp는 2백만 달러를 벌었다. 합병이 성사되자 이튼은 합병을 성공시켰다는 이유로 7백만 달러를 더 챙긴 반면, 쉬렘프는 한 푼도 챙기지 않았다.[22] 다임러크라이슬러에 있는 모든 미국인 직원들과 독일인 직원들 사이에서도 이와 같은 차이가 발생했다. 직원들은 불평등한 보상금 지급에 분개하면서 협력할 생각을 털끝만큼도 하지 않았다.

동일 업무에 종사하는 직원들 사이에 급여 차이를 두는 수평적 불평등은 협력의 와해로 이어진다. 최고의 성과를 낸 사람들이 가장 많은 몫을 가져가는 이른바 '승자 독식' 방식은 개인의 이익 추구를 기반으로 구성된 조직에서나 쓸 수 있다. 세계 최고의 테니스 선수 로저 페더러Roger Federer가 실력이 저조한 상대 선수에게 도움을 줄 거라고 예상하는 사람은 아무도 없다. 결국 승자 독식의 수평적 불평등 환경에서는 상호 협력이란 먼 나라 얘기일 뿐이다.

공평성의 문제는 수평적 불평등뿐만 아니라 급여와 관련한 수직적 불평등에서도 나타난다. 만일 당신이 고소득 경영자라면 당신의 소득이 문제의 원인이 될 가능성이 높다. 1990년대 기업들의 수익은 114퍼센트 증가했다. 그런데 CEO의 평균 수입은 570퍼센트 증가한 반면, 근로자들의 평균 수입은 37퍼센트만 증가했다.[23] 2008년 CEO의 평균 수입은 현장 근로자들의 평균 수입과 비교해 무려 340배가 넘었다. 1981년의 25배에서 크게 늘어난 수치다.[24] 이렇게 경영진의 상여금이 직원들의 상여금과 비교해 지나칠 정도로 많다면 직원들은 어떻게 생각할까?

직원들이 서로 협력하며 조직에 헌신하기를 바란다면 상여금을 공평하게 분배하도록 노력해야 한다. 사우스웨스트 항공에는 경영진의 보수 증가율이 일반 직원들의 보수 증가율보다 크면 안 된다는 원칙이 있다. 사우스웨스트 경영진은 경기가 안 좋을 때 다른 직원들처럼 급여 삭감을 감수한다.[25] 이러한 원칙을 고수한 결과 사우스웨스트는 경영자에게 지급되는 상여금 1달러당 매출이 미국 대형 경쟁업체들과 비교할 때 10배가 넘는다.[26]

경영자의 급여 수준과 직원들 급여와의 비교 수치는 회사가 어려울 때일수록 지대한 관심의 대상이 된다. 뉴코의 아이버슨은 〈포춘〉지 선정 500대 기업의 CEO 가운데 가장 낮은 급여를 받는 것을 자랑스럽게 말한 적이 있다. 당시 철강업계의 불황으로 인해 뉴코의 부서 책임자들은 최고 40퍼센트까지 급여가 삭감되고 임원들은 50에서 60퍼센트 삭감된 반면, 아이버슨 자신은 75퍼센트나 삭감되었다. 물론 이는 아이버슨이 내린 결정이었다. 그는 이런 말을 했다. "우리는 고통을 분담했습니다. 물론 경영진에게 가장 큰 몫을 분담하게 했죠."[27]

모든 구성원들이 조직의 비전을 공유하기를 바라는 리더라면 사적인 이익보다 공평성과 공정성을 앞세울 수 있어야 한다. 샘 팔미사노도 IBM의 CEO가 되었을 때 자신이 새롭게 제안한 팀 기반 전략을 이끌 경영진에게 자신의 보너스 절반을 나눠주기를 이사회에 공식 요청했다. 또한 미국이 아직 경기 침체의 늪에서 벗어나지 못하던 2009년 봄 팔미사노는 25만 명에 달하는 IBM 직원들의 급여가 인상될 거라고 발표하며 이렇게 말했다. "경영진은 급여 인상 대상에서 제외될 겁니다. 하지만 괜찮습니다. 경영진은 이미 충분한 돈을 벌고 있으니까요!"[28]

상여금 정책이 직원들의 협력을 끌어내는 데 어떤 영향을 주고 있는가?

여기에 대해 당신은 어떻게 생각하는가? 경영진의 급여가 너무 적다고 생각하는가? 회사의 상여금 정책은 직원들의 협력을 끌어내는데 도움이 된다고 생각하는가? 조직 구성원들이 회사의 불평등한 보수 지급 방식에 분개해 서로 협력할 생각도 하지 않는 상황인가? 이 질문들에 진지하게 대답하기 바란다.

당신은 여기에 나온 질문들을 받아들이기가 쉽지 않을 수도 있다. 사람들은 리더에게 많은 것을 기대한다. 조직을 이끄는 리더는 인간의 심리를 이해해야 하고, 자기 나름의 동기 부여 이론을 정해야 하며, 해병대 사령관 같은 리더십을 발휘해야 한다.

여섯째 실행 과제인 '헌신하는 분위기 구축'을 달성하려면 어중간한 조치로는 안 된다. 어려운 일이긴 하지만 여기에 나온 질문들에 만족스럽게 대답하는 리더라면 임무에 집중하면서도 융통성 있는 조직을 만들어 나가고 있는 것이다.

이제 마지막 실행 과제가 남았다. 마지막 장의 화제는 바로 변화에 대한 적응이다.

> 구성원들이 모든 일이
> 잘 돌아간다고 느낄 때
> 그들에게 **변화**를 요구하기란
> 굉장히 힘든 일입니다.
>
> – 랄프 라센, 존슨앤존슨 전前 회장

CHAPTER 7

밤잠을 설치게 만드는 전략적 불확실성은 무엇인가?

인생에서 확실한 것은 3가지뿐이다. 첫째는 죽음, 둘째는 세금, 마지막은 오늘의 전략이 내일엔 들어맞지 않는다는 사실이다. 지금 잘나가는 상품이라도 언젠가는 쓸모가 없어지고 고객의 취향도 변한다. 기술 발전으로 기존 비즈니스 모델이 경쟁력을 잃기도 한다. 오늘의 성공도 내일이 되면 한물간 뉴스거리가 된다. 그러므로 '과연 그럴까'가 아니라 '언제 그렇게 될까'라는 질문을 던져야 한다.

다우존스 지수에 포함되는 기업 명단이 바뀐다는 사실은 기업의 운명이 변한다는 점을 잘 보여준다. 25년 전 명단을 보면 그 당시 포함된 기업 가운데 지금까지 살아남은 기업은 절반도 안 된다는 것을 알 수 있다. 베들레헴 스틸, 이스트먼 코닥Eastman Kodak, 시어스 로벅Sears Roebuck, 울워스Woolworth 같은 기업들은 도중에 하차했다.

이렇듯 변화에 맞추어 적응해 나가는 기업은 많지 않아 보인다. 대부분의 기업은 자신이 사라질 위험에 내몰리기 전까지 과거의 성공 방식을 고수한다. 당신의 회사는 어떤가? 변화를 예측하고 쇄신을 단행하여 경쟁력을 유지할 것 같은가? 아니면 변화에 성공하는 기업들의 화려함 뒤에 스러져가는 존재가 될 것 같은가?

이제 마지막으로 수십 년 동안 변화에 맞추어 쇄신을 하며 번영해 온 기업들이 활용한 기법들을 살펴보고자 한다. 그런 기업 가운데 대표적인 기업이 바로 존슨앤존슨이다. Chapter 2에서 언급된 존슨앤존슨의 신조에도 변화에 대한 적응이 담겨 있다. 그 신조는 다음의 문장으로 마치고 있다. '이러한 원칙에 따라 사업을 운영하여 주주들에게 정당한 수익을 제공할 수 있어야 한다.'

그렇다면 존슨앤존슨의 주주들은 장기적으로 얼마나 이익을 누렸을까? 존슨앤존슨이 주식을 상장한 1944년 당시 당신이 존슨앤존슨 주식을 딱 한 주 샀다고 가정해보자. 당신은 주식 값으로 37달러 50센트를 지불했을 것이다. 그 당시 우표가 3센트였고 코카콜라가 5센트였다는 점을 감안하면 상당한 가격이다. 사실 37달러 50센트는 오늘날 약 450달러에 해당하는 금액으로 구글의 한 주당 가격과 맞먹는다.

하지만 주식을 산 당신은 그 선택을 후회하지 않을 것이다. 주식 분할을 거듭했기에 한 주가 오늘날 2,500주가 되었다. 또한 그동안 받은 배당금을 재투자했다면 현재 그 사람이 가진 주식의 가치는 90만 달러가 넘는다.[1]

65년이 넘는 세월 동안 연평균수익률을 계산해보면 17퍼센트가 넘는다. 놀라운 수치가 아닐 수 없다. 하지만 그보다 더 중요한 사실은 기술의 급격한 변화, 정부의 강력한 규제, 치열한 글로벌 경쟁 등 수

많은 환경 변화에도 불구하고 존슨앤존슨은 쇄신하며 적응했다는 점이다. 유연하지 못한 기업은 살아남지 못한다.

수많은 기업이 사라지는 현실에서 어떻게 존슨앤존슨은 지금까지 건재할 수 있었을까? 그 답은 간단하다. 존슨앤존슨의 경영진은 올바른 질문을 던지고 그 해답을 실행할 줄 알았기 때문이다.

마지막 실행 과제는 '변화에 발맞춘 적응'이다. 장기간에 걸쳐 변화에 성공적으로 적응하려면 리더는 올바른 질문들을 던질 줄 알아야 한다. 그래야 조직의 구성원들이 끊임없이 환경의 변화를 예측하고 그에 맞게 대응할 수 있다. 올바른 질문들을 던지다 보면 다음의 마지막 질문에 이르게 된다. 바로 '밤잠을 설치게 만드는 전략적 불확실성은 무엇인가?'이다.

> 밤잠을 설치게 만드는 전략적 불확실성은 무엇인가?

미래를 예단하는 자는 반드시 몰락한다

경영자라면 일상적으로 걱정을 하기 마련이다. 그런데 존슨앤존슨의 경영진은 직원들이 충분히 걱정하지 않는 것을 걱정한다. 존슨앤존슨의 CEO를 지냈던 랄프 라센은 이런 말을 했다. "우리 회사가 어떻게 가장 존경받는 기업 10곳 가운데 한 곳이 되었는지를 다룬 훈

훈한 기사들을 읽지 않은 직원은 없었습니다. 언론에서는 존슨앤존슨에 대해 엄청난 호평을 보냈죠. 그런데 이들 기사 가운데 대부분은 맞지만 일부는 그렇지 않은 것도 있었습니다. 이로 말미암아 기업 내에 건전하지 못한 만족감이 형성된 느낌이 들었습니다. 구성원들이 모든 일이 잘 돌아간다고 느낄 때 그들에게 변화를 요구하기란 굉장히 힘든 일입니다."[2]

조직 구성원들에게 건전하고 생산적인 걱정을 하게 함으로써 변화를 촉구하는 것은 리더가 해야 할 일이다. 여기서 구성원들의 걱정은 현재 전략을 무력화시킬 수 있는 것들에 초점이 맞추어져야 한다. 리더라면 전략적 불확실성 즉, 현재 전략의 바탕이 된 가정을 무효화시킬 수 있는 위험과 만일의 비상 사태를 늘 점검해야 한다. 그렇게 해야만 정말 필요한 시기에 단호하게 행동함으로써 변화에 적응할 수 있다.

존슨앤존슨의 여러 경쟁자들은 전략적 불확실성을 점검하지 못해 주저앉고 말았다. 일례로 한 의료장비업체의 경영자들은 매출과 이익 목표를 달성하면 상당한 보상을 해주는 보너스 지급안에 초점을 두었다. 그 결과 단기적인 매출과 이익 목표 달성을 위해 기존 제품의 출하에만 너무 집중했고, 장기적인 기술 개발에 관심을 두지 않았다. 이와 달리 존슨앤존슨의 경영자들은 떠오르고 있는 신기술의 영향력을 철저하게 조사했다. 그 의료장비업체는 자신이 어떤 타격을 받았는지 알아차리기도 전에 존슨앤존슨은 시장의 선두를 차지했다. 불운한 이 업체에게 남은 것은 더는 쓸모없는 제품들과 불투명한 미래뿐이었다.[3]

이처럼 기업 환경을 둘러싼 전략적 불확실성을 소홀히 다룸으로써 실패한 사례는 굉장히 많다. AOL을 생각해보라. AOL의 경영진은 전화선을 통한 인터넷 접속 서비스 수준에 만족했다. 광대역으로의 이동은 천천히 이루어질 거라고 믿었기 때문이었다. 이렇듯 경영진이 느슨하게 대응하자 직원들 역시 미래의 전략적 불확실성을 대비하지 않았다. 이것이 AOL의 실패 원인이 되었다. 구글과 야후, 페이스북과 같은 신생업체들이 온라인 통신 서비스의 기능을 근본적으로 바꾸었다.[4] 결국 업계 선두 주자로 시작했던 AOL은 경쟁에서 완전히 뒤처지고 말았다.

서브프라임 사태로 촉발된 금융 위기의 원인 역시 전략적 불확실성을 예상하고 그에 맞게 대응하지 못한 데 있었다. 자산 거품의 신호들이 여기저기 존재했지만 무시되어 버렸다.

앞서 말한 바와 같이 전략적 불확실성이란 기존 전략을 무효화시킬 수 있는 근본적인 변화들을 말한다. 전략적 불확실성은 업계나 기업 특성에 따라 다른 양상으로 나타난다. 마이크로소프트의 경영진은 인터넷이 자신들의 독자적인 소프트웨어 제품에 끼칠 영향을 걱정한다. 구글의 경영진은 독점권 남용 혐의로 정부가 조치할 규제를 걱정한다. 신문 업계의 경영자들은 콘텐츠 전달 기술의 변화와 광고 유치 걱정에 밤잠을 설친다. 소매업계 경영자들은 유통 경로와 소비자 구입 패턴의 변화를 걱정한다.

조직에 보내는 신호를 적절히 활용하라

이렇듯 전략적 불확실성은 기업의 미래와 지속가능성을 위협하는 장애물이다. 그런데 문제는 걱정하는 리더와 달리 조직 구성원들은 전략적 불확실성에 주의를 기울이지 않는다는 데 있다. 래리 보시디가 "기업의 미래에 지대한 영향을 줄 수 있는 1퍼센트의 중요 정보를 끈질기게 탐색해야 합니다."라고 말한 것처럼 리더는 조직 구성원들에게 요구해야 한다.[5]

그렇다면 당신은 어떤 방법으로 직원들이 전략적 불확실성에 주의를 기울이게 만드는가? 직원들이 주의를 기울이는 원리는 간단하다. 직원들은 리더가 관심 가지는 것을 예의주시한다. '상사의 관심사가 나를 매혹한다!'라는 말이 있듯이 말이다.

> 어떤 방법으로 직원들이 전략적 불확실성에 주의를 기울이게 만드는가?

사실 어떤 일을 할 때마다 리더는 모든 직원들에게 뭔가 신호를 보내고 있다. 직원들은 항상 리더를 주시한다. 리더가 무엇을 중요하게 여기는지 파악함으로써 자신들이 어디에 집중해야 하는지 가늠을 잡기 위해서다. 따라서 직원들이 어떤 문제에 주의를 기울이기 원한다면 리더 스스로 그 문제에 집중하면 된다. 단, 공개적으로 일관되게 집중해야 한다. 그래야 그 문제가 리더와 회사에 굉장히 중요하다는 신호를 모든 직원들에게 보낼 수 있다.

나는 과거 한 유명한 제약 회사의 CEO와 인터뷰를 했을 때 이 단순한 접근법이 유용하다는 것을 새삼 느꼈다. 그는 자신을 고민하게 만드는 전략적 불확실성에 대해 설명했다. 글로벌 확장, 인수한 기업의 통합 운영, 기술 통합의 어려움 등이었다.

그는 이야기를 나누던 도중 책상에서 갈색 가죽으로 된 바인더를 꺼내더니 개인적으로 점검하는 핵심 이슈들과 책임 소재들이 적힌 도표를 보여주었다. 그러면서 자신이 점검하는 것들이 주간 회의의 안건이 되며, 이를 중심으로 임원들에게 질문을 던진다고 말했다.

6주 후 나는 CEO에게 직접 보고를 하는 임원들을 인터뷰했다. 그때 내가 무엇을 발견했는지 아는가? 모두 갈색 가죽 바인더를 가지고 있었다. CEO가 바인더를 나눠준 것이 아니었다. 그들은 상사를 만족시키는 유일한 방법은 상사의 정보 보관 방식을 그대로 따라하는 일이라는 점을 파악했던 것이다.

상사가 주시하는 것에 부하 직원이 주의를 기울이는 이 단순한 현상에는 전략적으로 중요한 의미가 담겨 있다. 임원들과 CEO가 만나는 정기 회의에서 CEO가 갈색 가죽 바인더를 펼치면 회의 준비는 다 된 거였다. 임원들은 CEO가 어떤 전략적 불확실성을 점검하는지 알기에 그가 던질 질문을 예상했다. 뒤이은 대화식 토론에서는 새로운 경향의 긍정적 측면과 부정적 측면을 설명하고 실행 계획을 제안했다. 때로는 그러한 제안들이 새로운 전략 구상의 씨앗이 되기도 했다.

당신에게 갈색 가죽 바인더 같은 도구는 무엇일까? 구체적으로 임직원들에게 혁신적인 변화를 어디에서 추구해야 할지 알려주기 위해 어떤 도구를 쓰고 있는가? 당신이 질문과 조사를 통해 특정 문제에 일관되게 집중한다면 임직원들도 그렇게 한다. 이것이야말로 리더가 해야 할 일이다.

쌍방향 정보 교류에 집중하라

모든 조직에는 다양한 성과 평가 시스템이 있다. 손익 계획 점검, 균형 성과표, 인사 관리 시스템, 원가 회계 시스템 등 대부분의 시스템은 경영 진단을 위해 쓰인다. 경영자는 스태프 직원에게 이 시스템의 운영을 위임하고, 연간 목표를 정하거나 특별 보고서를 검토하는 정도로 자신의 관여도를 제한할 수 있다.

하지만 쌍방향 정보 교류 시스템은 이와 다르다. 이것은 앞서 언급한 갈색 가죽 바인더와 같은 정보 시스템이다. 경영자가 지속적으로 주시함으로써 직원들도 점차 이것에 가장 큰 주의를 기울이게 된다.

사실 리더는 어떤 정보 시스템이든지 쌍방향으로 활용할 수 있다. 그것은 갈색 가죽 바인더일 수도 있고, 수익 계획 점검이나 신규 사업 준비 시스템일 수도 있다. 선택은 리더의 몫이다. 하지만 이 시스템이 쌍방향 통제에 효과적이려면 4가지 특징을 갖추어야 한다. 첫째, 간단하면서도 이해하기 쉬운 정보가 담겨 있어야 한다. 둘째, 운영 관리자들과 직접 대면하며 상호작용을 할 수 있어야 한다. 셋째, 전략적 불확실성을 주제로 한 토론과 대화에 초점이 맞추어져야 한다. 넷째, 새로운 실행 계획이 도출되어야 한다.

존슨앤존슨 경영진은 이익 계획 점검 시스템을 쌍방향으로 활용했다. 존슨앤존슨의 모든 운영 관리자들은 1년에 4번 금년도 손익 계획과 다음해 전망을 재평가했다. 그들은 시장 환경이 변하면 예산 수치를 재조정한다. 조직의 말단 직원에서 상급자에 이르는 모든 구성원들은 수정된 계획에 따라 체계적으로 일한다.

또한 관리자들은 다음의 4가지에 초점을 맞추어 5년 후와 10년 후 예측 자료를 작성한다. 바로 판매 물량, 매출액, 순이익, 투자자본수익률이다. 5년 뒤 연간 예산과 10년 뒤 예측치를 작성하고, 다음의 계획 수립 과정에서 이를 재평가하며 계속 수정해나간다.

그렇다면 이런 쌍방향 프로세스는 어떻게 작용되는 것일까? 존슨앤존슨의 경영자가 수정된 5년, 10년 계획을 검토하려고 운영 관리자에게 이런 말을 했다고 상상해보자. "이 부분을 설명해주시기 바랍니다. 작년엔 2025년 매출을 4억 2천 5백만 달러로 추산했는데 오늘은 수치를 낮춰 3억 5천만 달러로 조정했군요."

다음 질문은 예측이 가능하다. "무엇이 변한 건가요?" 물론 그 대답은 업계의 특성이나 변화하는 환경에 따라 달라진다. 매출 예측치를 하향 조정한 이유가 새로운 경쟁사의 진입 때문인가? 라이센싱 계약의 변동 때문인가? 아니면 의료 법안의 변경으로 인한 영향 때문인가? 존슨앤존슨의 경영자는 이와 상반되는 예측에 놀라워할 수도 있다. 운영 관리자가 뜻밖에도 매출의 증가를 예상할 수도 있기 때문이다. 이 뜻밖의 좋은 소식은 신기술 개발 때문인가? 경쟁사가 퇴출되었기 때문인가? 아니면, 새롭게 발견된 사용 용도에 대한 수요 증가 때문인가?

여기서 첫째 질문은 "무엇이 변했는가?"이고, 둘째 질문은 "왜 변했는가?"이다. 그리고 셋째 질문이자 가장 중요한 질문은 "이제 어떻게 대처할 것인가?"이다.

바로 여기서 쌍방향 프로세스의 효과가 나타난다. 관리자들은 예상 질문을 알기 때문에(존슨앤존슨은 오랫동안 똑같은 질문 과정을 적용했다.) 잠정적인 실행 계획을 미리 세워놓았다. 그런 후에 최근에 부상한 기회와 위협 요인에 대처하기 위해 자원을 가장 효율적으로 배치할 방법을 주제로 토론하고 대화를 나누었다. 일부는 전략과 계획을 상향 조정한 방안을 내놓았다. 자본 투자나 사업의 근본적인 방향 전환과 같은 획기적인 방안이 나오기도 했다.

이런 쌍방향 토론의 힘을 이해한 것은 최근의 일이 아니다. 30여 년 전에 ITT의 최고 경영자였던 해럴드 제닌은 자신이 의장을 맡았던 쌍방향 회의를 이렇게 묘사했다. "우리는 서로에게 배우고 도움을 얻었습니다. 우리의 문제를 해결하는 데 속도를 내고 방향성을 찾았죠. 뿐만 아니라 우리의 회의는 활력과 열정으로 가득 찼기 때문에 신바람 나게 일했습니다. 우리는 모두와 관련된 안건으로 새로운 아이디어를 내놓는 과정에서 새로운 제품, 새로운 시도, 새로운 방식을 제안했습니다."[6]

골드만삭스Goldman Sachs에서도 이런 접근법을 적극적으로 활용한다. 골드만삭스는 전략적 불확실성에 초점을 맞춘 쌍방향 시스템을 통해 주택저당채권의 부실화를 피할 수 있었다. 대부분의 경쟁사들은 이로 인해 조직이 와해되기까지 했는데 말이다. 골드만삭스의 경영자는 쌍방향 손익 분석 시스템을 활용한 방법에 대해 이렇게 설명했다. "우리는 매일 손익 상황을 점검합니다. 골드만삭스에는 중요한 모델이 많지만 그 무엇도 손익보다 중요하지 않습니다. 우리는 위험 모델에 명시되어 있는 범위 내에서 손익이 일정한 수준을 유지하는지 매일 확인합니다. 12월이 되자 모기지 사업부에서 10일 연속 손실을 냈죠. 많은 금액은 아니었지만 10일째 되던 날 우리는 그 부분에 대해 대책 회의를 열어야 한다고 생각했습니다."[7]

경영진은 상황을 파악하기 위해 활발히 토론을 벌이면서 자신의 모든 거래 포지션을 검토했다. 그 결과 상황이 계속 악화될 거라고 느끼기 시작했다. 경영진은 존슨앤존슨에서 제기된 것과 똑같은 첫 두 질문을 던졌다. "무엇이 변했는가?" "왜 변했는가?" 이 질문으로 경영진은 기존 전략이 더는 효과가 없다는 것을 깨닫게 되었고, 불안감을 느꼈다.

골드만삭스 경영진은 이제 셋째 질문을 던졌다. "이제 어떻게 대처할 것인가?" 경영진은 업계 관행을 거스르는 조치를 취했다. 주택저당채권을 줄이고 미래의 손실에 대비해 기존의 포지션을 헤지$_{hedge}$하기로 결정했다. 골드만삭스는 쌍방향 손익 분석 시스템에 근거하여 재빨리 조치를 취해 자신의 전략을 수정했다. 그 결과 경쟁자들이 사업을 접거나 정부에 구제 금융을 신청하는 와중에도 골드만삭스는 건재했다.[8]

하지만 이후의 골드만삭스 상황은 한 가지 실행 과제에 성공했다고 해서 앞서 설명된 다른 실행 과제들에 방심해서는 안 된다는 점을 상기시킨다. 사실 이 책에서 말하는 7가지의 실행 과제들은 서로 관련되어 있다. 골드만삭스 경영진은 쌍방향 시스템을 능수능란하게 활용하여 금융 위기로 말미암은 위험을 비켜갔다. 하지만 주택

시장이 침체되어 주택저당채권이 손실을 보는데도 골드만삭스는 이익을 챙기는 구조의 투자 상품을 만들어 팔아 투자자들을 기만한 혐의로 기소를 당했다.

핵심 가치와 전략적 경계의 상실이 이 문제의 원인이었다. 골드만삭스는 창사 이래 '고객의 이익이 모든 것에 우선한다'는 핵심 가치를 기반으로 동반자 관계를 중시해온 조직이었다. 하지만 1999년 기업을 공개하며 바뀌기 시작했다. 골드만삭스가 새롭게 주주 가치에 집중하면서 이제 주주의 이익이 고객의 이익보다 우선하는 것 아니냐는 의문을 제기하는 사람들이 많아졌다. 또한 과거의 골드만삭스는 직원들이 고객의 이익에 상충되는 거래에 관여하는 것을 금지하는 전략적 경계를 명확하게 명시했다. 그런데 현재의 경영진은 이러한 경계를 저버렸다.[9]

어떻게 쌍방향 시스템을 구축해야 할까?

그럼 어떻게 쌍방향 시스템을 구축해야 할까? 이는 당신 회사의 전략에 수반되어 있는 전략적 불확실성에 따라 쌍방향으로 이용할 시스템이 결정된다. 존슨앤존슨은 이익 계획 점검 시스템을, 골드만삭스는 일일 손익 분석 시스템을 활용했다. 이렇듯 다른 이유는 기업마다 전략이 다르기 때문이다. 월마트 설립자 샘 월튼 Sam Walton 은 지역 관리자들에게 매주 한 번씩 비행기를 타고 벤턴빌에 있는 본사로 와 얼굴을 맞대고 회의하도록 지시했다. 그 회의에서 그들은 월마트 매장에서 팔리는 상품과 팔리지 않는 상품에 대한 최신 정보, 경쟁사 가격과 관련된 최신 정보 등을 공유했다. 뒤이은 쌍방향 논의에서는 지역 상권의 위험 요소와 만일의 비상 사태에 대비한 실행 계획에 초점을 맞추었다.[10]

펩시코와 코카콜라는 성숙 단계에 들어선 제품에 대한 선호도를 확장할 방법을 고민하다가(뉴코크를 떠올려 보라.) 브랜드 마케팅을 통해 진입 장벽을 형성했다. 이 두 회사의 경영자들은 브랜드 매출 시스템을 쌍방향으로 이용한다. 그들은 지역별 제품 출고와 관련한 업데이트 정보를 매주 한 번씩 받으며, 최신 자료를 면밀히 검토하면서 현재 경쟁사들이 어떻게 하고 있는지 파악한다. 뒤이은 회의에서 가격, 판촉, 포장의 변화에 어떻게 대응할 것인가에 초점을 맞추어 논의를 하며 새로운 전략의 구상으로 이어질 때도 있다.

기업들은 각각의 전략이 다르기 때문에 직면하는 전략적 불확실성도 서로 다르다. 비용 우위 전략을 추구하는 기업의 경영진은 신기술로 자신의 전략이 무용지물이 될까봐 우려한다. 이 기업의 경영진은 쌍방향 프로젝트 관리 시스템을 이용하여 경쟁사의 제품을 모니터하고, 다른 업계의 기술 개발을 파악하며, 사전 대책을 강구한다. 제약 회사의 경영자들은 특허권으로 보호를 받는 제품이나 이익이 많이 창출되는 제품에 위협이 될 수 있는 경쟁 규칙의 변화를 우려한다. 그래서 그들은 사내 지식 관리 시스템을 이용하여 현재 전략에 영향을 줄 수 있는 사회와 정치, 기술 환경의 변화에 대한 정보를 얻는다. 또한 최신 경향을 파악하고, 제품 가격 변동이나 새로운 법안의 출현에 대비한 실행 계획을 세우는 데 초점을 맞추어 쌍방향 논의를 한다.[11]

지금까지 쌍방향 시스템에 대해 알아보았다. 그럼 당신은 어떠한가? 전략적 불확실성에 대응해 변화를 유도하기 위해 어떤 쌍방향 시스템을 이용하는가? 이 질문에 제대로 답하지 못한다면 전략에 위협이 될 환경 변화에 맞춰 적응하게 해주는 가장 중요한 촉매제를 간과하고 있는 셈이다.

> 전략적 불확실성에 대응하기 위해 어떤 쌍방향 시스템을 이용하는가?

쌍방향 시스템은 단순해야 한다

존슨앤존슨이 5년 후와 10년 후 목표를 세울 때 4가지 요소에만 초점을 맞추는 것은 그럴만한 이유가 있다. 쌍방향 프로세스가 효과를 발휘하려면 단순해야 한다. 이 프로세스를 활용할 때 관리자들에게 복잡한 평가표와 치밀한 계획안을 요구해서는 안 된다. 복잡한 요소가 들어가면 직원들은 근본적인 문제에 초점을 맞추지 못한다. 경쟁적인 환경에서 변화의 경향을 찾아내는 대신에 서로 다른 계산 결과를 조정하고, 가정을 이해하고, 자료의 신뢰성을 알아내는 데 소중한 시간을 허비하게 된다.

잭 웰치도 복잡한 5년 계획안 대신 운영 관리자들이 사업 도전 과제와 이에 대비한 실행 계획을 간략하게 정리한 문서를 선호했다.[12] 미국 급여처리대행업체 ADP 경영진은 새로운 프로젝트를 집중 논의할 때 한 쪽짜리 문서를 가지고 한다. 이것은 전략적 불확실성과 실행 계획에 초점을 둔 논의용 문서다. CEO와 사업부 관리자들은 이 문서를 함께 보며 생각을 정리하고 계획을 명확히 정한다.[13]

조직 내 카산드라를 적극적으로 양성하라

쌍방향 시스템을 활용할 때 리더는 조직 구성원들이 가진 정보를 공유하기 위해 질문을 던진다. 여기서 정보란 조직의 구성원들이 장기적으로 회사의 지속가능성에 영향을 줄 수 있는 트렌드를 파악하는 데 도움이 되는 정보를 말한다. 고객과 기술, 시장에 근접한 일선 직원들이야말로 그런 변화를 제일 먼저 알게 되는 사람들이다. 그들은 이 정보들을 상부에 전달해야 한다. 그래야 그 정보들이 변화의 촉매제 역할을 할 수 있다.

그러므로 쌍방향 프로세스가 효과를 발휘하려면 리더는 모든 조직 구성원들에게 변화하는 환경에 맞추어 새로운 아이디어와 실행 계획을 자유롭게 제안하도록 요구해야 한다. 듣기에 거북한 정보라도 자신의 상사에게 알리도록 격려해야 한다. 그런데 현실에서는 이렇게 하기가 쉽지 않다. 그 이유로는 다음의 두 가지를 들 수 있다.

첫째, 직원들은 모두 바쁘다. 직원들은 새로운 정보를 찾아 상사에게 알리려고 자신이 하던 업무를 일부러 멈추지는 않을 것이다. 상사가 그들에게 쌍방향 프로세스에 참여할 것을 요구하지 않는 이상은 말이다. 존슨앤존슨의 한 사업부 임원이 이런 말을 했다. "관리자는 바쁜 직원들에게 그렇게 해야 한다고 강요할 필요가 있습니다. 그렇지 않으면 직원들은 방문 일정을 잡거나 영업 현장에 가거나 생산 현장을 지키는 등 일상의 업무에만 매달려 있을 것입니다."

둘째, 직원들은 새로운 아이디어를 공유하거나 일반적이지 않은 의견을 제시하는 일에 긴장할 수 있다. 하급 관리자들은 나쁜 소식을 상부에 전달하는 일을 꺼려할 수도 있다. 상사와 맞서는 의견을 표현하는 데 두려움을 느낄지도 모른다. 회사가 새로운 정보를 바탕으로 성과 기준을 다시 조정한다면 자신이 보너스를 받지 못할 가능성을 우려할 수도 있다.

말하는 두려움을 제거해주어야 한다

사실 경쟁의 두려움과 전략적 불확실성에 대한 우려는 건전하며 필요한 걱정이다. 하지만 직원들이 의견 제시를 두려워하고 아이디어를 활발하게 내놓지 않는다면 이것이 뜻하는 바는 단 하나다. 바로 고위 간부들이 기존 질서에 반하는 생각들을 듣고 싶어 하지 않는다는 점이다. 이렇게 눈과 귀를 닫는 것은 망하는 지름길이다.

골드만삭스 경영진은 고위험 포지션의 청산이라는 힘든 결정을 내렸다. 반면 리먼 브라더스의 CEO였던 리처드 펄드Richard Fuld는 업계 최고의 주택저당증권 판매 회사가 되기 위해 계속 밀어붙였다. 직원들은 갈수록 긴장했다. 당시 리먼 브라더스의 선임 트레이더였던 한 사람은 2007년 초 재무 지표상 연체 채무 불이행의 엄청난 증가가 기록되면서, 자신을 비롯한 동료들이 우려에 휩싸였다고 회상했다. 하지만 경영진은 계속 성장을 추진하라고 압력을 가했고 결국 자신들이 듣고 싶지 않던 소식을 듣게 되었다. 그 트레이더는 이렇게 말했다. "저와 같은 직원들은 경영진과 다른 시각을 드러내면 순식간에 다른 자리로 밀려났습니다. 평지풍파를 일으키면 불이익을 받는다는 메시지였죠."[14]

인텔의 CEO였던 앤디 그로브는 직원들은 상사의 반응이 두려워 나쁜 뉴스를 공유하려 하지 않는다는 사실을 리더들이 직시해야 한다고 강조했다. 그는 다음과 같이 말했다.

> 조직 내 카산드라(세상이 믿어주지 않는 예언자)의 중요한 역할은 회사의 전략적 변곡점에 주의를 기울이게 만든다는 점입니다. 경영

자는 어떤 경우에도 '나쁜 소식을 전하는 메신저'에게 화를 내선 안 되며 관리자들에게도 그렇게 하도록 주의시켜야 합니다. 이는 아무리 강조해도 지나치지 않습니다. 전략적 논의를 저해하는 처벌의 두려움을 없애려면 경영진이 일관된 행동을 보이며 지속적으로 노력해야 합니다. 그렇게 노력해도 처벌이 단 한 건이라도 발생하면 두려움이 조직을 뒤덮습니다. 처벌 소식은 조직에 삽시간에 퍼져 모든 구성원이 입을 다물게 되죠. 두려워하는 분위기가 만연하면 조직 전체가 경직되며, 알아야 할 나쁜 소식들은 차단되어 버립니다.[15]

JP모건 체이스도 골드만삭스처럼 금융 위기 때 변화에 성공적으로 적응해 금융 위기의 한파를 피했다. 제이미 다이먼 JP모건 체이스 회장은 서브프라임 모기지 사업에서 일찍 손을 떼었다. 전략적 불확실성을 파악하려고 엄청난 노력을 쏟았던 다이먼의 일화는 전설이 되었다. 미국 상무장관이었다가 당시 JP모건 부회장으로 재직하던 빌 데일리 Bill Daley 는 이렇게 말했다. "첫 운영위원회 회의 때 나는 충격을 받았습니다. 임원들이 제이미 회장에게 이의를 제기하고, 논쟁하고, 그의 생각이 틀렸다고 말했기 때문이죠. 나는 빌 클린턴 정부의 각료 회의 때나 어떤 기업의 회의 때도 그런 모습을 본 적이 없었습니다."[16]

보상도 적절히 활용하는 게 좋다

쌍방향 프로세스가 효과를 발휘하려면 리더는 나쁜 소식을 전한 사람이나 리더가 믿고 있는 가정이 틀릴 수 있다고 말한 사람에게 보상을 해주어야 한다. 앨런 멀러리Alan Mulally가 포드의 신임 CEO가 되었을 때 포드 경영진은 실패 인정을 두려워했다. 그들은 목요일 아침에 열리는 회의에서 프레젠테이션을 할 때마다 성공(녹색으로 표시)만 강조하고 문제(노란색과 빨간색으로 표시)를 지적하지 않았다. 멀러리는 회사가 수십억 달러의 손실을 보고 있는 상황에서 어떻게 모든 것이 장밋빛인지 물었다. 이에 북미사업부 책임자 마크 필즈Mark Fields가 프레젠테이션을 진행하며 포드의 신제품 에지Edge와 관련된 기술 문제를 지적했다. 그러면서 생산 지연을 피할 수 없을 거라고 언급했다. 회의실에 있던 임원들은 신임 CEO가 어떤 반응을 보일지 숨죽이며 기다렸다. 멀러리는 이렇게 회상했다. "회의실이 쥐 죽은 듯 고요했어요. 잠시 후 저는 박수를 치며 '마크, 한눈에 쏙 들어오게 프레젠테이션을 잘 해줘 고맙군요'라고 말했어요. 그러자 다음 주 회의 때 프레젠테이션용 도표에는 온갖 색깔이 등장했어요."[17]

리더는 자신이 원하는 정보를 듣고 싶다면 구성원들에게 의심하지 않는 가정에 이의를 제기할 수 있도록 격려해야 하며 심지어 자신도 이의를 제기할 수 있어야 한다. 그런데 이렇게 하기가 쉽지 않다. 이런 가정들의 대부분은 논의 자체가 금지된 것처럼 보이기 때문이다.

하지만 기업이 실패하는 근본 원인을 들여다보면 추후에 잘못된 것으로 드러난 가정들이 자리하고 있다. 사람들은 미국 전역에서 집값이 동시에 하락하는 일은 없을 거라고 가정했다. 자산 분산이 위험을 줄여줄 거라고 가정했다. 디지털 미디어로의 이동이 천천히 질서 정연하게 이루어질 거라고 가정했다. 소비자들은 간소한 사양의 저가 제품을 선호하지 않을 거라고 가정했다.

존슨앤존슨은 직원들에게 기존 가정에 이의를 제기하고 새로운 아이디어를 제안하도록 격려하기 위해 쌍방향 프로세스에 참여하는 직원에게 개인적인 보상을 했다. 존슨앤존슨의 CEO를 지냈던 랄프 라센은 이렇게 말했다. "우리의 보상 체계는 공식처럼 정형화된 것은 아닙니다. 바로 이 점에서 우리 회사는 여느 회사들과 다르다고 생각합니다. 우리는 직원들의 회사에 대한 장기적인 공헌에 근거하여 보상금을 지급하죠. 그러한 공헌은 굉장히 개인적이고 …… 수많은 판단이 수반됩니다. 우리 회사 직원들은 동기 부여가 잘 되어 있고, 최선을 다하며, 정해준 목표보다 더 높은 목표를 스스로 설정합니다. 재무적 목표를 세우는 것은 격이 낮고 바람직하지 못하다고 생각합니다. 이럴 경우 사람들은 목표를 높게 잡기보다 낮게 잡고 싶어 하기 때문입니다."[18]

성과별 지급 체계를 이용하는 대신 개인적으로 보상해주는 방식을 쓴다면 다음과 같은 4가지 이점을 얻을 수 있다. 물론 이 이점들은 쌍방향 프로세스에서 꼭 필요하다. 첫째, 일반적이지 않은 의견을 말하거나 참신한 해결안을 제시한 직원에게 보상을 해줄 수 있다. 대부분의 이런 아이디어들은 단기적으로는 가시적인 결과로 나타나지 않기에 성과별 보상 체계 밖에 있다. 둘째, 직원들이 자신이 기울인 노력을 인정받고자 좋은 아이디어나 자신이 한 시도의 결과를 상사와 공유하려고 한다. 셋째, 이런 보상 방식을 채택함으로써 리더들은 경쟁 환경, 의사 결정의 맥락, 선택에서 제외된 대안 등에 대한 이해도가 높아질 수 있다. 상황을 파악하기 위해 충분한 시간을 투자하지 않으면 공평하게 보상을 해줄 수 없기 때문이다. 마지막으로, 개인적 보상은 보상이 성과와 자동적으로 연결될 때 나타날 수 있는 권모술수를 방지하는 데 도움이 된다.

신뢰는 기본이다

신뢰 역시 중요하다. 전 장에서 했던 논의를 떠올려보자. 직원들은 서로를 신뢰해야만 정보를 공유함으로써 협력을 할 것이다. 존슨앤존슨의 경영진은 논의 자리에서 새로운 아이디어를 내도록 강하게 촉구한다. 하지만 존슨앤존슨의 시스템에는 안전밸브가 장착되어 있다. 핵심 이해관계자들에 대한 책임이 명시된 신조에는 모든 결정과 관련한 장기적 관점이 담겨있다. 게다가 존슨앤존슨은 공격적인 목표에 완충제 작용을 하기 위해 각각의 사업 계획에 만일의 비상 사태를 염두에 둔 조항을 집어넣는다. 관리자들은 회사를 위험에 빠 뜨릴 가능성이 있는 위험을 감수하기보다 만일의 사태를 대비한 조 항을 따르려고 한다.

존슨앤존슨의 한 사업부 사장은 쌍방향 시스템에 대한 견해를 다음과 같이 정리했다. "우리가 여는 회의는 중요합니다. 항상 주요 이슈들에 대해 생각해야 합니다. 하지만 치열한 현장에서 이는 쉽지 않은 일이긴 합니다. 존슨앤존슨의 시스템은 우리가 한 발짝 멈춰서서 지금껏 어디까지 왔으며 앞으로 어디로 가야 하는지 살펴보게 합니다. 우리는 문제가 어디서 발생하는지 알고 있습니다. 그리고 매일 그 문제들과 대면합니다. 회의를 통해서 우리가 대응해야 할 방식을 생각하고, 업계 변화의 순기능과 역기능을 모두 살펴보게 됩니다. 이렇듯 회의는 창의력을 발산할 기회가 됩니다."[19]

이제 당신에게로 돌아가보자. 당신은 조직의 하부에서 상부에 이르기까지 정보 공유를 어떻게 장려하는가? 모든 구성원은 경영진이 변화를 예측하고 변화에 맞춰 쇄신할 수 있도록 기꺼이 상부로 정보를 전달하는가? 조직 구성원 모두가 서로를 신뢰하고, 정보를 공유하며 협력하려고 하는가? 이 질문들에 진지하게 답해보기 바란다.

> 당신은 조직 내에서의 정보 공유를 어떻게 장려하는가?

7개의 전략 질문은 재료일 뿐이다

'변화에 발맞춘 적응'이라는 마지막 실행 과제는 지속가능성이라는 측면에서 당신에게 가장 중요한 과제이다. 아무리 튼튼한 조직이라도 변화는 피할 수 없다. 여기서 유일한 문제는 '당신은 준비되어 있는가'라는 점이다.

이제 당신은 토론과 대화, 학습이 수반된 쌍방향 프로세스를 통해 앞서 설명한 6가지 실행 과제에도 전력을 쏟고 필요할 경우 변화를 이룰 수 있는 자신감을 갖게 되었다.

지금까지 나는 환경 변화에 맞추어 논의하고 고심해야 할 일련의 질문들을 소개했다. 여기까지 온 당신은 7개의 전략 질문이 무엇이며 각각의 질문이 왜 중요한지 알게 되었다. 당신의 전략을 성공적으로 실행하려면 다음과 같은 점들을 명심해야 한다. 복잡함을 버리고 단순하게 접근해야 한다. 결정하기 어려운 힘든 선택임을 알아야 한다. 핵심 고객을 선택하고, 핵심 가치에 따른 우선순위를 설정해야 한다. 정말로 중요한 성과 변수를 선택하며, 전략적 통제 경계를 정해야 한다. 혁신을 촉구하고, 서로 협력하는 문화를 구축하며, 전략적 불확실성에도 대비해야 한다.

이제 7개의 질문이 완성되었다. 자신의 조직으로 돌아가 7개의 전략 질문을 하기 전에 이 책 서두에서 했던 충고의 말을 떠올리기 바란다. 7개 질문 자체는 재료에 지나지 않는다. 이 질문들은 목적을 이루기 위한 수단일 뿐이다. 성패는 질문들을 활용하여 어떻게 조직 구성원들이 전략적 사고를 하도록 만드느냐에 달려 있기 때문이다. 그러므로 조직 구성원들이 기꺼이 참여할 수 있도록 지켜야 하는 원칙이 중요할 수밖에 없다. 마지막으로 그 원칙들을 다시 살펴보기로 하자.

- 얼굴을 마주하고 대화해야 한다. '눈을 마주보며' 직접적으로 상호 작용하는 것이 좋다.

- 논의가 조직 전체로 퍼져나가야 한다. 논의가 상부에 한정되지 않고 조직 전체의 기본 요소가 되어야 한다.

- 논의에 운영 담당자들을 포함시켜야 한다. 지원 조직인 스태프들은 정보 분석이나 해석, 후속 조치 등에 도움이 되지만, 정작 실행에 옮기고 결과에 책임을 지는 사람은 운영 담당자들이다.

- 누가 옳은지가 아니라 무엇이 옳은지를 두고 논의해야 한다. 상대의 직함이나 사내 정치 상황을 고려하지 말아야 한다.

- 논의의 결론은 '그럼 무엇을 할 것인가?'로 마쳐야 한다. 이 책에 나온 질문들을 목적을 달성하기 위한 수단으로 여겨야 한다. 이 질문들은 전략을 도출하기 위해 해결해야 할 핵심 문제들을 좀 더 집중적으로, 새롭게 이해하기 위해 활용하는 도구이기 때문이다.

체크리스트

1. **핵심 고객이 누구인지 제대로 알고 있는가?**
   - 핵심 고객이 무엇을 중요하게 여기는지 모든 임직원들이 알고 있는가?
   - 고객에게 최고의 가치를 제공하기 위해 어떻게 조직을 구조화했는가?
   - 다른 이해관계자들에게 할당하는 자원을 최소화하고 있는가?

2. **핵심 가치에 따른 우선순위가 명료하게 정해져 있는가?**
   - 핵심 가치에 따른 우선순위에 따라 내렸던 어려운 결정들은 무엇인가?
   - 핵심 가치에는 다른 이해관계자에 대한 책임도 내포되어 있는가?
   - 모든 직원들이 핵심 가치를 따르며 행동하고 있는가?

3. **평가에 반영되는 주요 성과 변수는 무엇인가?**
   - 당신의 가치 창조 이론은 무엇인가?
   - 당신의 전략을 실패로 돌아가게 만들 수 있는 요인은 무엇인가?
   - 성과에 대한 책임을 어떻게 부여하고 있는가?

4. **전략적 통제 경계를 어디까지로 정했는가?**
   - 기업 브랜드 가치를 위험하게 만드는 것은 무엇인가?
   - 모든 임직원들은 어떤 행동이 금지되는지 알고 있는가?
   - 전략상 어떤 일들을 피해야 한다고 명시하고 있는가?

5. 창의적 긴장감을 어떻게 조성하고 있는가?

- 직원들이 창의적으로 생각하도록 하려면 어떻게 동기를 부여해야 하는가?
- 부서 벽을 넘는 혁신은 어떻게 창출되는가?
- 너무 많은 위원회와 이중 보고로 조직이 복잡하지 않는가?

6. 조직 구성원들은 서로 돕기 위해 얼마나 헌신하고 있는가?

- 당신만의 동기 부여 이론을 가지고 있는가?
- 구성원 모두가 책임을 공유하는 분위기를 어떻게 조성하는가?
- 상여금 정책이 직원들의 협력을 끌어내는 데 어떤 영향을 주고 있는가?

7. 밤잠을 설치게 만드는 전략적 불확실성은 무엇인가?

- 어떤 방법으로 직원이 전략적 불확실성에 주의를 기울이게 만드는가?
- 전략적 불확실성에 대응하기 위해 어떤 쌍방향 시스템을 이용하는가?
- 조직의 하부에서 상부에 이르기까지 정보 공유를 어떻게 장려하는가?

질문이 생각을 만들고,
생각이 전략을 완성한다!

주석

Introduction

1. Thomas J. Neff and James M. Citrin, Lessons from the Top: Search for America's Best Business Leaders (New York: Doubleday, 1999).

Chapter 1

1. D. Grainger, "Can McDonald's Cook Again?" Fortune, April 12, 2003, 124.

2. Jim Cantalupo, quoted in Grainger, "Can McDonald's Cook Again?" 120.

3. Julia Werdigier, "McDonald's, but with Flair", New York Times, August 25, 2007.

4. Andrew Martin, "The Happiest Meal: Hot Profits", New York Times, January 11, 2009.

5. Janet Adamy, "McDonald's Seeks Way to Keep Sizzling", Wall Street Journal, March 10, 2009.

6. Hollie Shaw, "McDonald's New Recipe for Success", Financial Post, September 2, 2009; personal correspondence from McDonald's media relations department.

7. Martin, "The Happiest Meal."

8. Jennifer Reingold, "Home Depot's Total Rehab", Fortune, September 29, 2008, 159–166; Geoff Colvin, "Renovating Home Depot", Fortune, August 31, 2009, 45–49.

9. Michael E. Porter, Competitive Strategy(New York: The FrePress, 1980).

10. Bill George, Authentic Leadership(San Francisco: Jossey-Bass, 2004), 86.

11. Marc Gunther and Stephanie Mehta, "The Mess at AOL Time Warner", Fortune, May 13, 2002, 74–77.

12. Katsuaki Watanabe, "Lessons from Toyota's Long Drive", Harvard Business Review, July–August 2007, 74–83; Alex Taylor, "Toyota's New Man at the Wheel", Fortune, June 26, 2009, 82–85.

13. Josh Quittner, "How Jeff Bezos Rules the Retail Space", Fortune, May 5, 2008, 126–134.

14. Jeff Bezos, "The Institutional Yes", Harvard Business Review, October 2007, 74–82.

15. David Yoffie, "What's Your Google Strategy?" Harvard Business Review, April 2009, 74–81.

16. Quittner, "How Jeff Bezos Rules the Retail Space", 126–134.

17. A. G. Lafley and Ram Charan, The Game-Changer(New York: Crown Business, 2008), 48–49.

18. Joan S. Lublin, "Top Brass Try Life in the Trenches", Wall Street Journal, June 25, 2007.

19. Doreen Carvajal, "Primping for the Cameras in the Name of Research", New York Times, February 7, 2006.

20. L. Applegate, R. Austin, and E. Collins, "IBM's Decade of Transformation: Turnaround to Growth", Case 9-805-130 (Boston: Harvard Business School, 2009).

21. Catherine Dalton, "On Time: An Interview with FedEx's Alan B. Graf", Business Horizons , April 2005, 277.

22. A. G. Lafley, "What Only the CEO Can Do", Harvard Business Review , May 2009, 54–62; Lafley and Charan, The Game-Changer , 35.

23. Lafley and Charan, The Game-Changer .

24. Phil Patton, "Before Creating the Car, Ford Designs the Driver", New York Times , July 19, 2009.

25. Jeff Bezos, "The Institutional Yes."

26. Joe Nocera, "Put Buyers First? What a Concept", New York Times , January 5, 2008.

27. Peter T. Larsen and Jane Croft, "Visa Bows to Pressure and Unveils IPO Move", Financial Times , October 12, 2006.

28. Coca-Cola Co. is following a similar path. See "Coke Near Deal for Bottler", Wall Street Journal , February 25, 2010.

29. Michael de la Merced, "PepsiCo to Pay $7.8 Billion to Buy Its Two Top Bottlers", New York Times , August 5, 2009.

30. Rik Kirkland, "Cisco's Display of Strength", Fortune, November 12, 2007, 90–100.

31. Shawn Tully, "In This Corner! The Contender", Fortune, April 3, 2006, 54–66.

Chapter 2

1. Robert Simons, Kathryn Rosenberg, and Natalie Kindred, "Merck: Managing Vioxx", Cases 9-091-080 to 9-091-086 (Boston: Harvard Business School, 2009).

2. James Collins and Jerry Porras, "Building Your Company's Vision", Harvard Business Review , September–October 1996, 65–77.

3. Edward Wyatt, "Executives Say Fannie Mae Is Torn by Conflicting Goals", New York Times , April 10, 2010.

4. Simons, Rosenberg, and Kindred, "Merck: Managing Vioxx."

5. "What Makes Southwest Airlines Fly", Knowledge@Wharton, April 23, 2003.

6. Thomas J. Neff and James M. Citrin, "Herb Kelleher", Lessons from the Top: Search for America's Best Business Leaders(New York: Doubleday, 1999), 187–192.

7. Linda Hill, Tarun Khanna, and Emily Stecker, "HCL Technologies (A)", Case 9-408-004 (Boston: Harvard Business School, 2008).

8. Ravindra Gajulapalli and Kamalini Ramdas, "HCL Industries: Employee First, Customer Second", Case UV 1085 (Charlottesville: University of Virginia Darden Business Publishing, 2008).

9. Business Roundtable, "Principles of Corporate Governance", May 2002, 25, http://www.ecgi.org/codes/documents/brt_may2002.pdf.

10. Francesco Guerrera, "Welch Condemns Share Price Focus", Financial Times , March 12, 2009.

11. Neff and Citrin, Lessons from the Top , 334.

12. AIG Proxy Statement 2006, www.ezonlinedocuments.com/ aig/2006/ proxy/html2/aig_proxy2006_0017.htm.

13. Samuel J. Palmisano, "Leading Change When Business Is Good",

Harvard Business Review , December 2004, 60–70.

14. Jessica Shambora, Adam Lashinsky, Barney Gimbel, and Julie Schlosser, "A View from the Top: The World's Most Admired Companies", Fortune , March 16, 2009, 105–112.

15. Jessica Dickler, "Employers: No Layoffs Here", CNNMoney .com., December 11, 2008.

16. Ray Goldberg and Hal Hogan, "Deere & Company", Case 9-905-406 (Boston: Harvard Business School, 2004).

17. Brian Hall and Rakesh Khurana, "Al Dunlap at Sunbeam", Case 9-899-218 (Boston: Harvard Business School, 2003).

18. Eugenia Levenson, "Citizen Nike", Fortune , November 17, 2008, 165–170.

19. Marc Gunther, "The Green Machine", Fortune , July 31, 2006, 42–57.

20. Exelon 2020 Strategy, www.exeloncorp.com/environment/climatechange/overview.aspx.

21. Neff and Citrin, Lessons from the Top , 212–213.

Chapter 3

1. Robert Simons and Antonio Dávila, "Citibank: Performance Evaluation", Case 9-198-048 (Boston: Harvard Business School, 1999).

2. Marc Gunther, "Marriott Gets a Wake-Up Call", Fortune , July 6, 2009, 62–66.

3. Larry Bossidy and Ram Charan, Execution(New York: Crown Business, 2002), 69.

4. Thomas J. Neff and James M. Citrin, "Bossidy", Lessons from the Top:

Search for America's Best Business Leaders(New York: Doubleday, 1999), 387.

5. John Love, McDonald's Behind the Arches(New York: Bantam, 1995), 110.

6. Paul B. Carroll, "Why Panic Passes Him By", Wall Street Journal, October 15, 2008.

7. Jeff Bezos, "The Institutional Yes", Harvard Business Review, October 2007, 74–82.

8. Robert Simons and Hilary Weston, "Nordstrom: Dissension in the Ranks?" Case 9-191-002 (Boston: Harvard Business School, 1990).

9. G. Miller, "The Magic Number Seven, Plus or Minus Two", The Psychological Review 63, no. 2 (1956): 81–97.

10. For more information on this technique, see Robert Simons, "Three Wheels of Profit Planning", Performance Measurement & Control Systems for Implementing Strategy(Upper Saddle River, NJ: Prentice Hall, 2000), 78–109.

11. Adam Lashinsky, "Apple: The Genius Behind Steve", Fortune, November 24, 2008, 70–80.

12. Mary Walsh and Jack Healy, "Ex-Chief of AIG Settles Fraud Case for $15 Million", New York Times, August 7, 2009.

13. Carol Loomis, "AIG: The Company That Came to Dinner", Fortune, January 19, 2009, 70–78.

14. Alex Taylor, "GM and Me", Fortune, December 8, 2008, 92–100.

15. Francesco Guerrera and Gillian Tett, "Guard of the Fortress", Financial Times, October 13, 2009.

16. Shawn Tully, "In This Corner! The Contender", Fortune, April 3, 2006, 54–66.

17. A. G. Lafley and Ram Charan, The Game-Changer(New York: Crown Business, 2008), 8–9.

18. Jennifer Reingold, "Home Depot's Total Rehab", Fortune , September 29, 2008, 159–166.

Chapter 4

1. Robert Simons and Kathryn Rosenberg, "American Cancer Society: Access to Care", Case 9-109-105 (Boston: Harvard Business School, 2008).

2. Ibid., 14.

3. Kathrine Q. Seelye, "The 'Me' in Medicare", New York Times, September 8, 2009.

4. William Cohan, "The Rise and Fall of Jimmy Cayne", Fortune, August 18, 2008, 95.

5. David Ibison, "Citigroup Apologizes to Japan", Financial Times , October 26, 2004.

6. Peter Lee, "What Citigroup Needs to Do Next", Euromoney, July 1, 2005, 1.

7. Robert Simons, "General Electric Compliance Systems" and "General Electric Valley Forge (A)–(H)", Cases 9-189-010 to 9-189-016 and 9-189-081 (Boston: Harvard Business School, 1993, 1991).

8. Paul Ingrassia, "Toyota: Too Big, Too Fast", Wall Street Journal, January 29, 2010.

9. Suzanne Kapner, "Changing of the Guard at Wal-Mart", Fortune , March 2, 2009, 68–76.

10. Joanna Pachner, "McKinsey & Co.: The Man Behind the Curtain",

Canadian Business , February 15, 2010, 32–37.

11. Robin Dharmakumar, "Living Down a Good Name", Forbes India , November 11, 2009, www.forbes.com/2009/11/11/forbes-indiamckinsey.

12. http://google.com/corporate, August 11, 2009.

13. Robert Simons, Kathryn Rosenberg, and Natalie Kindred, "Sydney IVF: Stem Cell Research", Case 9-109-017 (Boston: Harvard Business School, 2009).

14. Claire Miller, "Now at Starbucks: A Rebound", New York Times , January 21, 2010.

15. Brad Stone, "Original Team Tries to Revive Starbucks", New York Times , October 30, 2008.

16. Betsy Morris, "What Makes Apple Golden", Fortune , March 17, 2008, 68–74.

17. David Collis and Michael Rukstad, "Can You Say What Your Strategy Is?" Harvard Business Review , April 2008, 82–90.

18. Alfred Sloan, My Years with General Motors(New York: Doubleday, 1990), 30.

19. Dennis Bakke, Joy at Work(Seattle, WA: PVG, 2005), 209.

20. Adam Lashinsky, "Riders on the Storm", Fortune , May 4, 2009, 72–80.

21. Robert Simons and Hilary Weston, "Automatic Data Processing: The EFS Decision", Case 9-190-059 (Boston: Harvard Business School, 1999). ADP's run of double-digit EPS increases spanned 1961 to 2003.

22. Geoff Colvin and Jessica Shambora, "J&J: Secrets of Success", Fortune , May 4, 2009, 116–121.

23. Adam Lashinsky, "Chaos by Design", Fortune , October 2, 2006, 86–98.

24. Vindu Goel, "Why Google Pulls the Plug", New York Times, February,

15, 2009.

25. Associated Press, "Johnson & Johnson Reveals Improper Payments", International Herald Tribune, February 13, 2007.

Chapter 5

1. Penny Singer, "New Luxury Tax Trimming Boat Sales", New York Times , July 21, 1991.

2. Greg Pierce, "Inside Politics: A Hard-Earned Lesson", Washington Times , January 7, 2003.

3. Robert Simons, "J Boats", Case 9-197-015 (Boston: Harvard Business School, 1998). All quotations in this section are from this case.

4. Andrew Grove, Only the Paranoid Survive(New York: Broadway, 1999), 118.

5. James C. Collins and Jerry I. Porras, "Building Your Company's Vision", Harvard Business Review , September–October, 1996, 65–77.

6. Alex Taylor, "GM and Me", Fortune , December 8, 2008, 92–100.

7. Hirotaka Takeuchi, Emi Osono, and Norihiko Shimizu, "The Contradictions That Drive Toyota's Success", Harvard Business Review , June 2008, 96–104.

8. Paul Carroll and Chunka Mui, Billion-Dollar Lessons(New York: Portfolio/Penguin, 2008).

9. Martin Fackler, "Translating the Toyota Way", New York Times , February 15, 2007.

10. Betsy Morris, "The New Rules", Fortune , July 24, 2006, 74.

11. Brian Cruver, Anatomy of Greed(New York: Avalon, 2002), 79.

12. Eugenia Levenson, "Citizen Nike", Fortune , November 24, 2008, 168.

13. Robert Simons, "ABB: The Abacus System", Case 9-192-140(Boston: Harvard Business School, 1992).

14. Robert Simons and Kathryn Rosenberg, "American Cancer Society: Access to Care", Case 9-109-015 (Boston: Harvard Business School, 2009).

15. Robert Simons and Antonio Davila, "Siebel Systems: Organizing for the Customer", Case 9-103-014 (Boston: Harvard Business School, 2002).

16. Howard Stevenson and J. Jarillo, "A Paradigm of Entrepreneurship: Entrepreneurial Management", Strategic Management Journal 11, Special Issue: Corporate Entrepreneurship (Summer 1990): 23.

17. Shawn Tully, "Jamie Dimon's SWAT Team", Fortune , September 15, 2008, 64–78.

18. Harold Geneen, Managing(New York: Avon, 1984), 86.

19. Dennis W. Bakke, Joy at Work(Seattle, WA: PVG Publishers, 2005), 195.

20. Arlene Weintraub, "Is Merck's Medicine Working?" BusinessWeek , July 30, 2007, 66–70.

21. Damon Darlin, "Fiorina Had a Vision for H.P., and Some Credit for Its Turnaround", New York Times , October, 6, 2006.

22. Mikolaj Piskorski and Alessandro Spadini, "Procter & Gamble: Organization 2005", Case 9-707-515 (Boston: Harvard Business School, 2007).

23. Ben Worthen, "Seeking Growth, Cisco Reroutes Decisions", Wall Street Journal , August 6, 2009.

24. Piskorski and Spadini, "Procter & Gamble: Organization 2005."

25. If you're interested in how to design a matrix properly, see Chapter 8 in Robert Simons, Levers of Organization Design(Boston: Harvard Business

School Press, 2005).

Chapter 6

1. Kevin and Jackie Freiberg, Nuts: Southwest Airlines' Crazy Recipe for Business and Personal Success(New York: Broadway Books, 1998), 290; James Parker, "The Ten-Minute Turnaround", in Do the Right Thing(Upper Saddle River, NJ: Wharton School Publishing, 2008), 39–46.

2. Greg Hasell, "The Fall of Enron: The Culture", Houston Chronicle, December 9, 2001.

3. Loren Fox, Enron: The Rise and Fall(Hoboken, NJ: Wiley, 2003), chapter 5.

4. Hassell, "The Fall of Enron"; Fox, Enron, 86.

5. Ken Iverson, Plain Talk(New York: Wiley, 1998), 83.

6. Steven Kerr, "On the Folly of Hoping for A While Rewarding B", Academy of Management Journal 18, no. 4 (1975): 769–783.

7. Douglas McGregor, The Human Side of Enterprise(New York: McGraw-Hill, 1960).

8. Fox, Enron, 79.

9. Robert Simons and Hilary Weston, "Mary Kay Cosmetics: Sales Force Incentives", Case 9-190-103 (Boston: Harvard Business School, 1999).

10. Thomas A. Stewart and Bronwyn Fryer, "Cisco Sees the Future", Harvard Business Review, November 2008, 72–79.

11. Nanette Byrnes, "The Art of Motivation", BusinessWeek, May 1, 2006, 56.

12. Robert Simons and Kathryn Rosenberg, "American Cancer Society: Access to Care", Case 9-109-015 (Boston: Harvard Business School, 2009).

13. James Parker, Do the Right Thing(Upper Saddle River, NJ: Wharton School Publishing, 2008), 109.

14. Iverson, Plain Talk , 102.

15. Ibid., 55.

16. Jeff Bailey, "Southwest. Way Southwest", New York Times, February 13, 2008.

17. Parker, Do the Right Thing , 52.

18. Iverson, Plain Talk , 107.

19. Parker, Do the Right Thing , 111, 160.

20. Carol Loomis, "AIG: The Company That Came to Dinner", Fortune , January 19, 2009, 70–78.

21. Roger Lowenstein, "Alone at the Top", New York Times Magazine, August 27, 2000, 32.

22. Timothy Schellhardt, "A Marriage of Unequals", Wall Street Journal, April 8, 1999.

23. J. S. Lublin, "Executive Pay (A Special Report). Net Envy", Wall Street Journal , April 6, 2000.

24. Sarah Anderson, John Cavanagh, Chuck Collins, and Sam Pizzigati, "Executive Excess 2008: How Average Taxpayers Subsidize Runaway Pay. 15th Annual CEO Compensation Survey", (Washington, DC: Institute for Policy Studies, 2008). Also, Jerry Useem, "The Winner-Steal-All Society", The American Prospect Magazine , October 21, 2002, 13–14.

25. "What Makes Southwest Airlines Fly", Knowledge@Wharton, April 23, 2003.

26. Joe Brancatelli, "Southwest Airlines's Seven Secrets for Success," Portfolio.com, July 8, 2008.

27. Iverson, Plain Talk , 15.

28. Jeffrey O'Brien, "IBM's Grand Plan to Save the Planet," Fortune , May 4, 2009, 84–91.

Chapter 7

1. Geoff Colvin and Jessica Shambora, "J&J: Secrets of Success," Fortune , May 4, 2009, 116–121.

2. Thomas J. Neff and James M. Citrin, Lessons from the Top: Search for America's Best Business Leaders(New York: Doubleday, 1999), 210.

3. Robert Simons and Antonio Davila, "ATH MicroTechnologies: Making the Numbers", Case 9-108-091 (Boston: Harvard Business School, 2009).

4. Stephanie Mehta, "Can AOL Keep Pace?" Fortune , August 21, 2006, 29–30.

5. Larry Bossidy and Ram Charan, Confronting Reality(New York: Crown Business, 2004), 218.

6. Harold Geneen, Managing(New York: Avon, 1984), 106.

7. Ibid.

8. Joe Nocera, "Risk Management", New York Times Magazine, January 4, 2009.

9. Jenny Anderson, "As Goldman Thrives, Some Say Ethos Fades", New York Times , December 16, 2009; "Goldman Employees Rally Around Blankfein", New York Times , April 20, 2010.

10. Bossidy and Charan, Confronting Reality , 189.

11. Robert Simons, "Strategic Orientation and Top Management Attention to Control Systems", Strategic Management Journal 12, no. 1 (January 1991): 49–62.

12. Scott Malone, "How Talking the Talk Can Transform a Firm," Boston Globe , January 27, 2008.

13. Robert Simons and Hilary Weston, "Automatic Data Processing," Case 9-190-059 (Boston: Harvard Business School, 1989).

14. Louise Story and Landon Thomas, "Tales from Lehman's Crypt", New York Times , September 13, 2009.

15. Andrew S. Grove, Only the Paranoid Survive(New York: Currency/ Doubleday, 1996), 119.

16. Shawn Tully, "Jamie Dimon's Swat Team", Fortune , September 15, 2008.

17. Alex Taylor, "Fixing Up Ford", Fortune, May 25, 2009, 49.

18. Neff and Citrin, Lessons from the Top , 214.

19. Robert Simons, "Codman & Shurtleff: Planning and Control System", Case 9-187-081 (Boston: Harvard Business School, 2000).

전략시티는 세상에 도움이 되는 지혜를 출판합니다

어떤 브랜드가 마음을 파고드는가 브랜드와 심리학의 만남
수잔 피스크, 크리스 말론 지음 | 장진영 옮김 | 15,000원

심리학 교수와 마케팅 전문가가 밝혀낸 브랜드의 성공 비결!

대중을 대상으로 한 일방적인 마케팅은 한계에 다다랐다. 이제 사람들의 마음을 사로잡기 위해서는 브랜드와 사람과의 상호 관계성에 주목하는 심리학적인 접근법이 필요하다. 인터넷과 SNS, 이동통신의 발달로 사람들이 브랜드와 관계를 맺을 수 있는 관계 르네상스 시대가 펼쳐졌기에 더욱 그러하다.

이 책은 프린스턴대 심리학 교수와 마케팅 전문가의 공동 연구 결과물로서 관계 르네상스 시대 급성장한 45개 브랜드들의 성공 비결을 담았다. 구체적으로 저자들은 사람들과 심리적으로 교감할 수 있는 '사람 냄새' 나는 브랜드를 창출하려면 사람들과 어떻게 관계를 맺어야 하는지, 어떻게 사람의 마음을 파고들어야 하는지 그 해답을 제시하고 있다.

무엇이 조직을 움직이는가 당신이 간과하고 있는 명료함의 힘
패트릭 렌치오니 지음 | 홍기대, 박서영 옮김 | 15,000원

아마존 선정 '올해 최고의 경영 도서'

리더십의 대가 패트릭 렌치오니가 말하는 경영의 비결을 담은 책. 미국 아마존에서 '올해 최고의 경영 도서'로 선정된 것 외에 〈워싱턴포스트〉 선정 '올해의 그레이트 리더십 도서', 미국 800-CEO-READ 선정 '올해의 경영 도서 No. 1', 〈글로브앤메일〉 선정 '올해의 경영 도서 Top 10'에 오르기도 했다.

400만 독자를 열광시킨 저자는 20년 이상의 컨설팅 경험과 다양한 현장 연구를 토대로 '모두가 간과하고 있던 명료함의 힘'에 주목했다. 즉, 명료하게 경영하고 소통함으로써 구성원 모두가 공동의 목표를 향해 한마음으로 매진하는 하나의 팀을 만들 수 있다고 주장한다. 명료함이 창출되는 건강한 조직이 되기 위해 지켜야 할 4대 원칙과 실무적으로 유용한 실천 방안들을 생생한 사례들과 함께 제시하고 있다.

차이를 만드는 조직 맥킨지가 밝혀낸 해답

스콧 켈러, 콜린 프라이스 지음 | 서영조 옮김
맥킨지 서울 사무소 감수 | 게리 하멜 서문 | 22,000원

《초우량 기업의 조건》이후 30년 만에 나온 맥킨지 최고의 걸작

세계 최고의 컨설팅 회사 맥킨지가 역사상 가장 폭넓고도 과학적인 연구를 통해 한순간의 성공에 그치지 않고 지속적으로 탁월한 성과를 창출하는 비결을 밝힌 책. 기업은 지속적으로 성장해야 한다는 것은 누구나 알지만, 어떻게 해야 그럴 수 있느냐는 질문에는 누구도 답하지 못했다.
이에 맥킨지가 축적된 컨설팅 경험과 글로벌 네트워크를 활용하여 십 년 넘게 전 세계를 대상으로 심층 조사를 수행하며 그 해답을 찾아 나섰다. 해답을 찾는 과정에서 게리 하멜 같은 최고의 경영학자들과도 협업했고, 다수의 기업들에 실제로 적용해 봄으로써 실무적으로 유용한지 검증했다. 또한 코카콜라와 P&G, 웰스 파고, ANZ, 봄바디어, GNP, 텔레포니카 등 지속 성장에 성공한 기업들의 사례도 담았다.

경영전략전문가 조철선의 기획 실무 노트
당신의 책상 위에 놓인 단 한 권의 경영 전략 실무서

조철선 지음 | 39,800원

**전략적 사고에서 기획서 작성에 이르기까지
경영 전략 실무의 모든 것을 담은 종합 지침서**

전략적 사고에서부터 사업 전략, 마케팅, 전사 기업 전략, 기획서 작성에 이르기까지 실무 관점에서 경영 전략의 모든 것을 다룬 종합 기획 실무서. 전략 기획 분야의 스테디셀러인 《전략기획 전문가 조철선의 기획 실무 노트》를 500페이지 넘게 추가하여 전면 개정 증보한 완결판으로, 전략가라면 반드시 알아야 할 전략 이론과 실무 적용 기법을 다양한 사례와 함께 도표 중심으로 일목요연하게 제시함으로써 독자들이 실무에 활용할 수 있도록 구성했다.
830페이지가 넘는 방대한 분량이지만 필요한 부분만 따로 볼 수 있도록 편집함으로써 실무 활용도를 높였다. 기획 실무자나 마케터, 조직의 리더뿐만 아니라 전략가가 되고 싶어 하는 모든 이들에게 경쟁력 있는 전략 기획에서 전략적 의사 결정에 이르기까지 실질적인 도움이 되리라 확신한다.